本书献给"中国制造2025"

工业物联网是智能制造的神经中枢

柯力全景图

柯力在上海证券交易所主板上市

柯力2019年国际新产品发布会

柯建东校友捐赠仪式暨武汉大学柯力物联网产业研究中心签约揭牌仪式

校企合作洽谈

宁波柯力传感与深圳蜂群产业社区签约,共同打造AIOT智能物联网宁波江北协同创新基地

国内客户走访

国际客户来访

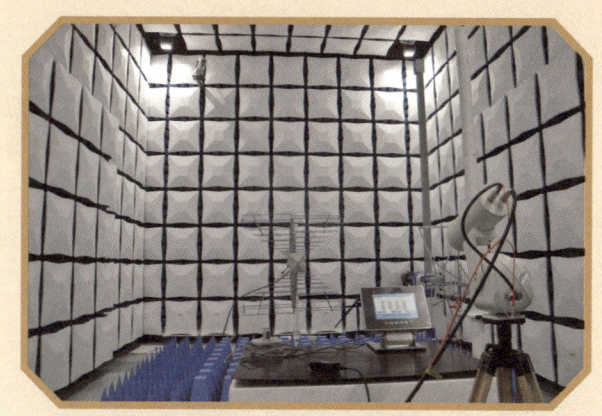

微波暗室

物联网数据中心

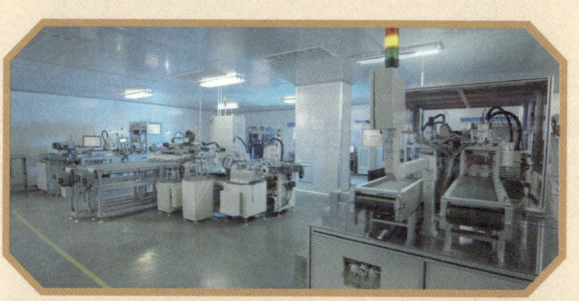

自动化生产车间

激光焊接

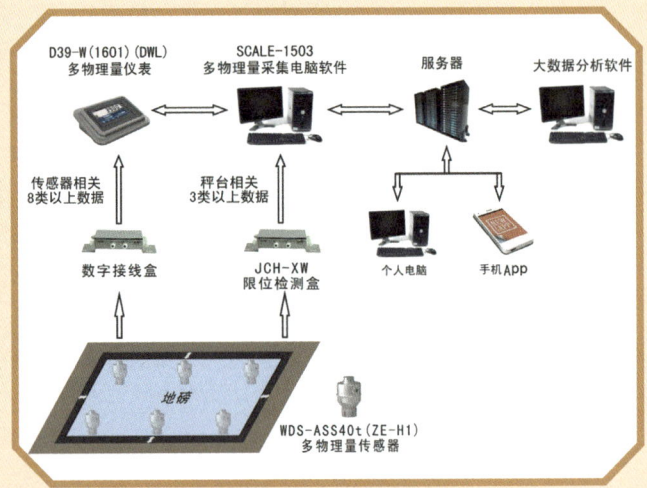

自动故障诊断汽车衡称重系统

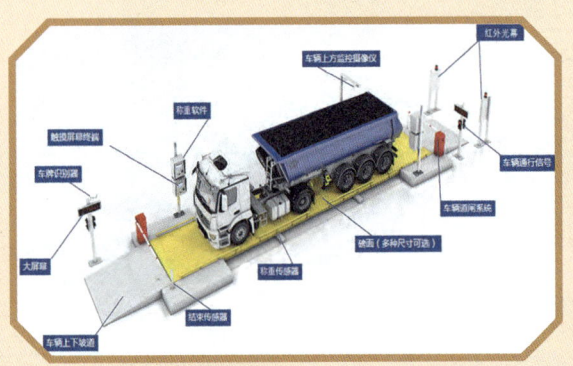

无人值守系统

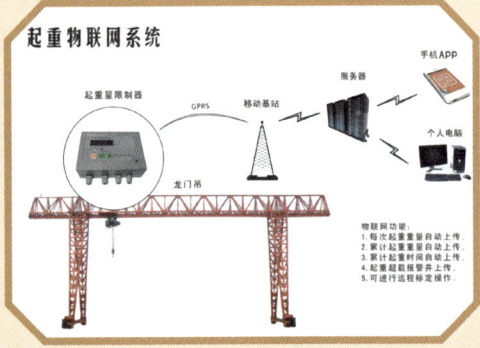

起重物联网系统

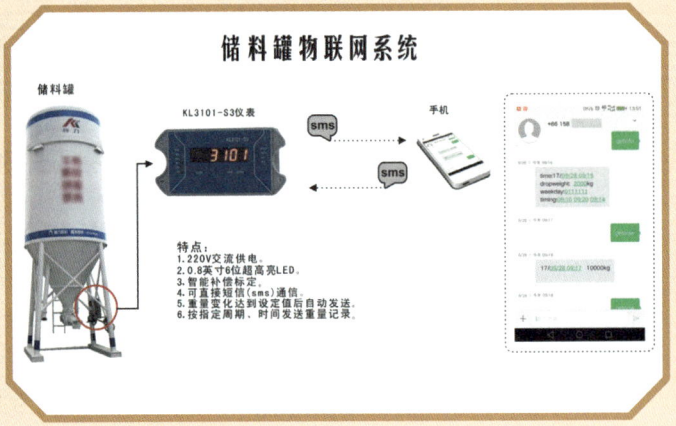

储料罐物联网系统

GO DEEP INTO THE INDUSTRIAL INTERNET OF THINGS
RECREATE THE INDUSTRIAL ECOSYSTEM AND ENTERPRISE VALUE SYSTEM

工业物联网再出发

行业生态体系与企业价值体系再造

柯建东 著

宁波出版社
NINGBO PUBLISHING HOUSE

序　言

本书是《工业物联网革命：企业战略转型的思考与实践》的续篇，反映了宁波柯力传感科技股份有限公司（以下简称"柯力"）上市前后对物联网战略转型升级的深入思考和具体实践。写此序言时，正值新冠肺炎疫情时期，武汉大学校友企业家联谊会第一时间响应党和国家号召，主动担当、全力以赴投入疫情防控工作，充分展现了企业的社会责任感，柯力也是其中之一。

本书清晰地展示了柯力的物联网发展战略，将内外所有资源汇聚到物联网发展道路上来，让柯力真正成为国际一流的物联网公司。物联网发展战略并不只是产品改善，而是一次脱胎换骨的革命。柯力期待以开放包容的精神吸引设备厂商加入物联网，以技术进步和法律完善促使企业走向物联网，引领物联网合作伙伴不断转型，以终端市场需求唤醒行业，倒逼行业转型升级，促使整个行业逐步从想法走向行动。

本书的大部分内容反映了柯力的物联网战略转型升级是如何落地，如何与具体的业务部门对接。在产品研发方面，物联网与传统产品战略最重要的区别是数据化，大数据运营对研究设计、工艺优化、设备维护、质量控制、节能减排等方面的作用越来越明显，是智能制造和产品智能化发展的方向，工业物联网要体现对数据的采集、计算、分析、预测，来让现有工业产品和针对产品所制定的方案达到最优化运行。

在营销方面，要主动引导市场需求，而非只是简单满足市场需求。营销思路要从"一锤子买卖"转化为"一辈子伴侣"；营销境界要从售卖有形的产品升华到为客户提供满足其真正需求的大数据解决方案；业务关系要从供应商走向引领者，为客户提供长期的战略合作平台。在运营与供应链管理方面，要改变传统企业对供应链的看法，积极引导供应链上的采购集成、仓库集成、业务集成、研发集成、调度集成和供应商管理集成。

在组织架构方面，要改造传统制造业部门的结构框架，由一列车向前行驶转变为多列车齐头并进，开始以终端用户需求为导向，在目标驱使下团队协作；把公司物联网生态转化为事业部生态，员工只要有想法、有能力，及事业心，就能逐步成为公司物联网合伙人。在人力资源方面，对员工的定义要从简单转变为复杂，对员工的需求要从单一转化为多元，从物质转化为物质与精神交替存在；对员工与组织的关系要从雇佣关系转为合作伙伴关系。

对我这个主要从事经济学研究的人来说，这本书让我了解中国企业家是如何感受、认识和理解物联网的，以及如何推动企业变革去迎接新技术的，通过产品创新、营销创新和供应链创新等来培育企业新的核心竞争力，引领产业未来。宁波柯力传感科技股份有限公司是国家级制造业单项冠军培育企业，是国内称重元件支柱企业之一，也是目前全球最主要的钢制传感器生产企业之一，经过十多年的发展，于2019年8月6日在上海证券交易所挂牌上市。作为目前全球称重领域物联网研发与推广应用的主要引领者之一，柯力以单一制造业为起点，正积极向制造服务业转型。正是一大批像柯力这样的中国企业，勇于抛弃旧的技术、旧的商业模式，积极拥抱互联网、物联网等新技术，才让中国站在科技的浪潮之上，让中国数字经济产业处于世界领先水平，为世界经济增长注入强劲动力。

阅读此书，我深深体会到当企业家不容易。柯建东董事长是武汉大学1988级企业管理专业本科毕业生，对武汉大学充满了感情。在我2018年担任院长后，我聘请柯建东董事长为学院新一届咨询委员会委员。因此，这两年我也数次到宁波与他商量合作事宜。他给我留下了深刻的印象：敢于创新，争当国际一流；嗅觉敏锐，善于把握商机；勤奋努力，常年以企为家；埋头实干，管理事无巨细。正是一大批像柯建东董事长这样的中国企业家，保持着突破创新精神，紧盯最新的科技潮流，了解技术发展动向，具备前瞻性的眼光，及时调整经营策略，才使中国站在科技发展的前端。

　　企业家是经济活动的重要组织者和创新产业的中坚力量，是市场经济中的特殊人才，培养新时代企业精神也是高质量发展的重要一环。武汉大学校友企业家联谊会群星灿烂，表明武汉大学的文化价值观中蕴含着强大基因。把当代企业家基因解码并发扬光大，影响并培养一代又一代武大优秀学子，是武汉大学商学教育应有的担当。柯建东董事长的这本书是他推动公司战略转型的心路历程的真实反映，希望越来越多的企业家们，像柯建东董事长那样将他们对企业管理的真知灼见呈现给大众，这也是一种担当。

武汉大学经济与管理学院院长　宋敏

目 录

PART 1
行业生态 —— 共建垂直产业链与横向平台层

工业物联网本质 …………………………………………………… 003
工业物联网当下难点与突破思路 ………………………………… 006
物联网认识误区 …………………………………………………… 011
物联网商业模式 …………………………………………………… 015
物联网生态系统建设 ……………………………………………… 020
物联网对企业发展的影响 ………………………………………… 025
物联网战略下的企业变革 ………………………………………… 030
物联网行动 ………………………………………………………… 035
大数据运营 ………………………………………………………… 039

PART 2
园区规划 —— 打造物联网产业综合创新体

物联网产业综合创新体发展 ……………………………………… 047

工业物联网产业园区再发展 ··· 051

物联网衡器 ··· 056

再定义衡器 ··· 060

称重物联网再深入 ·· 064

称重物联网再发展 ·· 069

不停车检测系统发展 ·· 073

促进宁波市人工智能高质量发展的建议 ······························ 078

宁波北部数字经济产业带建设 ··· 085

PART 3

企业战略 —— 构筑工业 4.0 级平台公司

物联网战略再深入 ·· 091

柯力物联网发展战略 ·· 096

物联网战略下的设备企业变革 ··· 101

物联网策略调整 ·· 106

市场策略调整 ··· 112

IPO 后发展战略·· 116

物联网投资策略 ·· 121

物联网发展下的股权激励 ·· 126

物联网战略下的柯力竞争优势 ··· 129

物联网战略下收入和利润成长模式 ······································· 136

物联网战略下的投入发展思路 ··· 142

物联网战略下的市场发展思路 ………………………………… 148

PART 4

管理创新 —— 规划从组织到人才的成长路径

物联网战略下的合伙人制度 ……………………………………… 155
物联网战略下的客户策略 ………………………………………… 159
物联网战略下的供应链价值创新 ………………………………… 165
物联网战略下的人才观 …………………………………………… 170
预算管理体系 ……………………………………………………… 175
物联网战略下的市值管理 ………………………………………… 179
再论物联网战略下的人力资源管理 ……………………………… 183
供应链集成 ………………………………………………………… 189
物联网战略下的国际贸易变革 …………………………………… 194
投资策略中的尽职调查 …………………………………………… 199

PART 1

行业生态
—— 共建垂直产业链与横向平台层

工业物联网本质

在推进"中国制造2025"的进程中,如果把整个工业4.0比作人体,数字化需求就是大脑,高效化是灵魂,设备自动化是双腿,人工智能是双手,产品是躯干,而工业物联网是神经中枢。

在中枢神经系统的灰质中,功能相同的神经元细胞汇聚,一起调节人体某一项生理活动,这部分结构被称为神经中枢。而工业物联网本质上是智能制造的神经中枢,作为神经中枢,它具有以下特征:

一、复杂性

社交App设计理念不能直接用于工业。人的生活需求有共性,但工业设备的应用多元且复杂,不同环境、行业、产品和应用需求组合出千姿百态的工业设备应用场景,这些场景正是用户内心需求的折射。在符合质量要求的前提下,需要从核心元件、材料、造型等多个方面,差异化地设计设备产品,以满足用户的最终需求。同时,从数据流空间看,设备自身产生包括主流数据在内的多个物理量传感器采集的数据,还有状态数据为上述主流数据保驾护航;从时间来看,根据不同时间段采样频率不同,实时数据再产生大量数据。所以在整个制造过程中,要形成与各生产环节无缝对接的数据平台,这反映出工业物联网的复杂性。

大数据收集、清理、分析、计算、运用等多个环节,都反映出"工业物联网是神经中枢"。数据反馈信息呈现出"痛点""痒点""无关紧要的部分"和"隐隐作痛之处",需要"大脑"对这些智能化需求进行明确的分析和判断,这既超越技术的范畴,又超越了产品本身的范畴,是工业物联网作为神经中枢的本质反映。

二、反射性

根据终端用户不同的需求来反向优化工业设备设计,这既包括在硬件上增加其他传感器对数据的采集,又包括改善设备自身,更包括硬软件结合,由"硬"变"软",从而使设备逐步走向智能化。这个进程中须重点把握物联网反射性,根据终端反射来完善物联网方案,要注意去除伪需求,紧抓小数据,挖隐性需求,从满足用户需求走向引导用户需求,贯彻从以用户为中心到以人性为中心的物联网开发理念。

在大数据分析中,必须强调数据分析源于用户需求且必将回归到满足

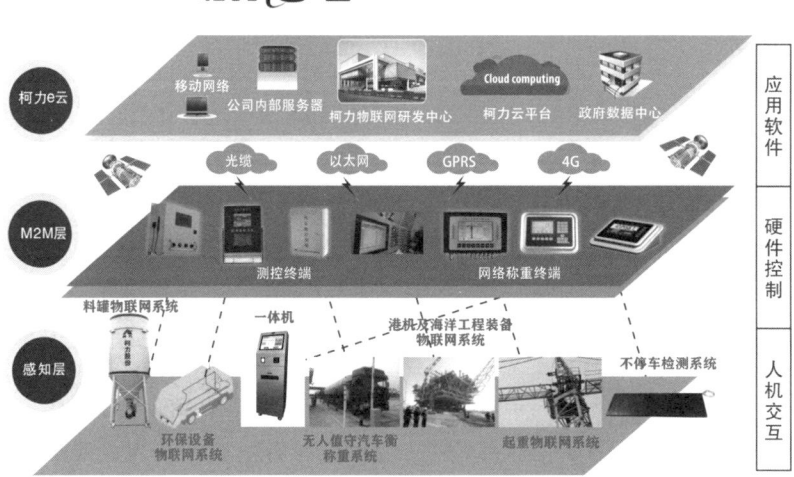

柯力e云

用户需求。不论是终端商还是设备商、元件商,都需要向其强调,物联网是不断反射的,是双向且多面的,它对数据进行收集、清理、分析,并交流缝合,最终形成有效、严谨的数据流,这是物联网在多次反射下不断修正的结果。

三、中枢性

由工业物联网来牵引、调节、控制方向,企业产品从自动化到智能化,企业发展从产品走向平台,企业内涵从有形走向无形,企业设备从硬件走向大数据,最终将稳步迈向工业4.0。人工智能、传感技术、云计算、区位链、边缘计算、机器学习、自动控制等都围绕工业设备智能化,而物联网将上述功能运用于"数据双胞胎",影响了整个智能制造过程。从硬件自身、数据采集、发射、云端储存到落地,任何智能化的方向,都要通过物联网来牵引、调节、控制;而根据落地的应用,设备又反射到生态系统中的不同行业、不同制造商、不同产业链节点、不同平台上,共同推进智能制造,从而让物联网在统一构架(OPC)和时间敏感网络(TSN)中发挥中枢作用,带动终端用户提升设备的使用效率,延长设备寿命,减少设备总体成本和待机时间,延长设备产品链,提高设备价值和创造新的数字商业模式,真正发挥物联网价值。

工业物联网是智能制造的神经中枢,是工业4.0的核心内容之一,它在智能制造中具备复杂性、反射性和中枢性。它关注数字化改造,真正目的在于提升用户价值,并在推进智能制造进程中,焕发出蓬勃的生命力。

* * *

工业物联网当下难点与突破思路

工业物联网应用目前正处在发展初期,不管是实体巨头还是互联网大佬都还在摸索。工业物联网发展之所以步履艰难,关键在于工业物联网不同于互联网,其发展过程面临着与工业实体结合难、行业壁垒高、大数据与分析碎片化、分析后价值落地难等一系列问题,这些问题导致工业物联网叫好不叫座,热度尽管很高,但持续推进艰难。

一、工业物联网发展艰难的主要原因

一是物联网平台运营主体难以独立成网。如果是设备制造商直接构建物联网平台,其企业数据可以自成体系,但难以成为行业平台。原因在于行业平台必然会涉及竞争性企业的核心资产,竞争企业自然不愿分享,也不可能真正成为平台上的成员。

如果是软件或互联网企业搭建平台,则必须与各行业的企业联手,这又难以解决软件或互联网企业对合作行业缺乏深入了解的问题,其待开发的产品不仅仅涉及软件,还有硬件、行业装备和后期的数据、应用等,都必须准确捕捉终端用户的需求点,实现跨界融合,这本身就是很大的难题。更关键的是,一旦工业物联网形成,核心的双方关系要转化为战略型关系,具有一定的排他性,这就会制约平台的发展与扩容,势必难以做大而成为真正的行业平台。

如果是传感器企业或者其他核心配件企业建设平台,其难点在于与设备厂商如何形成战略关系,如何处理与其他非战略关系客户的关系,以及如何与设备制造商一起深挖终端用户需求。

因此,当物联网产业链上的节点企业成为平台建设的主体时,意味着企业发展战略面临巨大挑战,其过程是一场革命,领导者没有持久的毅力、充裕的资金、长远的眼光、强大的团队,以及超凡的领导力,则无法顺利建成和持久运营。

二是工业物联网的变革性。从产品和技术角度看,无论是边缘计算还是平台即服务(PaaS),无论是数据样本来源还是数据分析提炼,都不存在难以攻克的技术壁垒,核心问题是产业链数据能否开放、开放后价值能否实现、是否有足够的收入、能否产生利润、市场容量是否足够大等。

从运营和操作角度看,工业物联网不同于互联网,没有信息流程接近零的边际成本这个"红利",它必须依靠工业装备来构建。传统设备智能化需要不同类型设备根据终端现场的场景来改进。如果没有足够的市场需求差异化产生的收入,会增加设备厂商或平台商前期投入的风险。平台商既要行业的容量,又要与行业龙头企业合作,这本身是个难点。一旦进入工业物联网平台,平台商必须要有足够的企业生态建设能力,这即使在充分发育的市场中也是个难点。因此工业物联网平台建设对平台商要求极高,如果没有充分准备,没有战略平衡、生态建设能力,则发展必然极为困难。

三是工业物联网应用的碎片化及其与实体经济融合的长期性。一方面传统互联网企业擅长提供消费品和服务,但无法应对工业生产体系,尤其是对工业装备的复杂性、行业性、场景性缺乏了解,这导致其难以与工业物联网结合。传统工业企业还处于从工业2.0走向工业3.0的过程中,要一步跨越到工业4.0几乎不可能。对很多企业而言,必须先完成工业装备自动化后才能考虑工业物联网；对于行业而言，这就意味着要等待工业自动化基本结束后才有可能迈入工业物联网时代。不管互联网技术和业务在消费服务领域中被应用得多么熟练，根据"中国制造 2025"的目标，中国到 2025 年基本实现工业化，此后还要等待至少七八年，才可能迎来工业物联网初具雏形。另一方面，即使两者能够融合，工业物联网平台公司不仅仅需要在大数据构建、无线模组、数据库建造上得心应手，还必须在传统设备智能化改造尤其是多物理量传感器选型、大数据准确性研究、产品生命周期研究、产品设计优化反馈和在线检测服务上不出差错，更重要的是在商业模式包括终端与设备商、设备商与工业物联网平台公司间盈利分配上设计出可行方案，消除各方利益分配不均导致的障碍，实现长期合作。

二、工业物联网是未来发展方向

一是保持定力，敏锐观察，做好垂直产业链物联网应用优秀示范平台项目。在行业选择上，尽可能寻找如环境机械在线检测、衡器称重数据防作弊、医疗设备数据管理、海工装备环境测控、冶炼装备质量监控、化工机械设备安全测量等项目，再在传统设备上加上多种"物理量传感器 + 无线发射仪器"，将其改造为智能化装备。需要强调的是工业物联网不是基于传统设备，不是将已有设备修修补补，而是与传统工业企业共同商讨物联网顶层设计后按既定设计全面改造设备。工业物联网平台公司人员不仅仅需要懂得后端的信息化、数字化技术，还要能反推前端智能化、自动化技术及行业装备特性。因此我们必须保持定力，对行业装备进行一个一个挖掘，尤其要对行业装备未来发展趋势和装备高端化发展方向了如指掌。同时，要和工业装备实业企业形成长期战略合作关系，既要说服鼓励合作方加入，又要共担风险，将智能化改造运营成本与设备高端化利润相配比，让设备厂家敢于投入；既要研究设备服务费用与物联网的价值挖掘，又要让设备厂家延长价值链解决设备服务费用来源问题，不至于让投入成为负担。工业物联网平台公司的发展与其说是产品和技术的突破，不如说是行业的再定义。

二是攻难克坚，坚定不移，整合利用工业物联网平台资源。首先，工业物联网平台公司必须抓住几个垂直产业链现已产出的业务，将其收入作为"压舱石"，通过自身或者合作方的现有资源，建设大数据库和大数据公司，利用现有技术，新建传感器供应链平台、人工智能中心、物联网创新中心，以及八个平台（测试、网络安全、论坛、供需、产业、投资、孵化、人才），结合每个行业情况进行设备智能化改建，并对现有各类资源加以利用，尽可能让这些固定成本分摊最小化，这样，工业物联网平台公司才能生根发芽。

其次，工业物联网平台公司要利用好政府各类资源及政策，如智能政务项目，"中国制造2025"本地及国内其他地区政策。工业物联网平台公司前期所获的政府资助和中后期所获的运营资源，不仅要体现企业经济效益，还要呈现社会进步和产业结构调整。

再次，工业物联网平台公司要将政府政策垂直产业链、平台链、公共服务平台、产业园区，以及物联网小镇等多种资源叠加，从产出端建立质量与工艺优化、设计反馈与迭代、能耗管理、设备选型与制造服务业发展、设备生命周期研究，以及云工厂和空闲产能结合等多个示范项目，从而引领物联网项目逐步落地。

最后，要善于发挥产业链的各项资源所长，运用第三方服务、战略联盟、股权合作、产业订单和供应链协作等多种合作方式，把各方资源汇聚，通过运行政府和社会资本合作（PPP）、租赁、辅导机构项目，以及创新债券转换、垫资合同管理、生态圈企业抱团合作等多种商业模式进行市场开拓。

三是坚定信念，强化顶层设计，把工业物联网发展作为产业革命的核心路径建设好。设备制造商进行工业物联网顶层设计时，必须要有转型升级的理念和高屋建瓴的勇气，当传统制造业在自动化水准达到一定程度后，须进行战略重塑，包括组织机构和人力资源管理，强调市场需求、洞察新生代人才动向，大胆起用"80后""90后"新一代管理人员。做业务不是"一锤子买卖"，而是一个培养长期合作伙伴、培育新型客户关系的过程，我们与客户的合作，不仅仅是设备销售方面的合作，更是企业信息化的合作。根据客户的能力和终端用户不同需求痛点进行产品设计，包括软件、服务和业务模式等，同时对企业研发体系提出更高的要求，不仅要按照客户要求进行设计，还要在使用产品的过程中对设计进行反向优化。只有把物联网设备的价值不断呈现于终端应用场景，才能让物联网拥有不竭的生命力。

每个行业设备都离不开八个产品节点（材料、传感器及仪表、无线模组、数据库、大数据分析、装备、应用、服务），但是，企业必须基于设备在终端市场创造价值的出发点，对八个产品节点进行不同的产品设计。无论是硬件还是软件，都必须来源于终端市场需求，且回归于终端市场需求。面上的资源是相似的，点上的资源必须根据终端市场要求来创新设计，从而创新商业模式。

※ ※ ※

物联网认识误区

当前,物联网正处于萌芽阶段。无论是理论还是实践,大众对物联网的认知都存在着误区。从柯力在称重物联网领域两年多以来的实践经验出发,我们厘清了物联网的定义,对其有了清晰的认识。

一、物联网是企业发展战略

在许多设备制造商眼里,物联网就是给设备装上 SIM 卡,运用多种通信技术把设备运行数据和设备状态数据发到云端,再下发到 PC 端或手机端,这就是对物联网认识的误区。物联网的发展当然需要产品自身的硬软件结合,但更重要的是,要从应用终端倒推物联网价值,去思考设备物联网到底给终端用户带来了什么。这种改变要求设备制造商从业务端挖掘并引导用户需求,要求设备制造商具备反向跟踪能力和全方位思维能力。无论是从设备信息化后的生产效率、生命周期、在线检测、产能共享出发,还是从设备的能源消耗、优化设计、保证服务、运营数据等出发,最终要回归这个问题,即物联网为终端用户带来了什么。因此,即使目前的投入产出不成比例,效果不明显,我们也必须找到一条出路。一方面,要尽快切入行业痛点;另一方面要从自身的人力资源、业务推广、激励政策、产品建模及相关软件开发、组织框架调整和服务价值提炼等方面出发,进行企业战略革命,先行先试、百折不挠、坚定走向工业4.0,在物联网发展中结合多种"战术"。

二、物联网的商业模式

从企业生存发展的长远之计来看,应从价值主张和诉求出发,建立竞争壁垒,开发差异化产品,这是物联网发展起步阶段采用的策略。仅从收入和盈利模式角度理解,当前的策略会被认为是失败的,企业战略变革艰难,信息碎片化,导致投入见效不明显,这都是对建立明确清晰的商业模式的制约。这种模式与传统微观经济学下的商业模式迥异,使得行业内外的企业都在物联网边缘徘徊。因此物联网发展初始,不应该用传统微观经济学的商业模式计算盈利,要从更客观、更高端的层次来看待它,在顶层设计中重视具有市场洞察力的需求,在中层构造中及时总结分析归纳,在底层执行中倾听用户的声音,既要在垂直行业深入物联网本质和提炼真正的需求,又要抓平台链建设,为挖掘物联网价值提供工具,更要让产品和市场有机融合,不能为求快速而孤军奋进,也不能缓慢等待而错过时机。在坚持中求突破,在突破中前行,沉淀并挖掘,朝着为用户创造价值之道大步前进,不断为企业自我变革提供服务。从这个角度看,运营费用可以视为企业在转型升级过程中所必须投入的成本,应纳入付出成本的范畴,其收益无法用财务利润来衡量。

三、物联网数据是企业核心资产

首先将物联网发展与数据运行相结合,在总体设计上考虑数据流动方向。要汇总数据,这包括汇总设备自身产生数据,如称重计量数据,也包括汇总设备状态数据,即对前一部分数据的准确性进行确认。

其次在物联网实务操作中,把数据分为实时数据、信息化数据、准确状态数据、故障数据等。实时数据重点解决数据安全性,保证网络畅通,保障后续的图像、视频大容量传输技术有所突破。信息化数据突破重点在称重软件人性化、接口软件迅捷开发、App 简洁方便、与支付软件及小程序无缝衔接等，让数据发挥真正的服务作用。准确状态数据则包括防作弊体系、多物理量传感器、设备检测传感器及仪表体系、产品生命周期研究数据等。故障数据是除安装调试外，设备真正发生故障时的数据，可在包括雷击、作弊等状况下准确判断。

再次是围绕用户对防作弊设备、在线检测设备、准确数据设备、省心设备等自动化、智能化设备的定位，在市场竞争中明确方向。将不同用户需求和包含传感器、仪表、软件、无人值守系统、物联网系统五大差异化的不同物联网诉求形成数据流，提供上千种不同的选择，完善数据资产，增强市场竞争力。

最后是根据用户反馈，从硬件和有形的设备转向硬软件结合，尤其要关注数据形态优化，聚集资源，使所有硬软件朝着数据流的主干汇聚，形成物联网发展中的核心资产。

四、物联网促使企业在行业生态系统内重新定位自身价值体系

在整个物联网生态系统中，单凭一家企业就集成物联网所有环节，使物联网的体系完整，无论是设备厂商、软件商，还是集成商都很难做到。物联网涉及材料、传感器、仪表、模块、数据库、通信、大数据分析、设备和服务等多个环节，需要各个行业内的企业明确各自定位和职责，围绕价值链主线，进行资源协同。这不再是传统市场环境下企业间的竞争或上下游价值链的竞争，而是行业生态圈或行业生态系统间的竞争，部分企业的供应链或平台链有交叉，故需要行业生态圈跨界融合。在物联网时代，传统单枪匹马式的产品竞争已经行不通，企业必须寻求其在不同环节中的定位，尊重用户数据安全与隐私，彼此理解与包容，以开放的心态共享、分析、挖掘和提炼设备状

态数据,利用行业生态圈资源,深入用户的需求,以共赢模式,坚持奋斗精神,保持脚步坚定,迈向用户价值之路。

任何一次工业革命的前行道路,一开始总是迷雾重重,我们要以平常心和长远目光去看待,办法总比困难多,不断试验,朝着目标前进,迈向新的物联网时代!

* * *

物联网商业模式

物联网推广中,商业模式才是最核心的问题。终端用户为什么要用物联网产品?设备厂商怎样才会有动力和信心使用物联网产品?我们必须要先解答这两个问题。

一、物联网商业模式的优势

从设备厂商来看,以物联网产品为主要商业模式,有以下几点原因:

一是可在市场中明确价值主张。常规产品竞争如此激烈,必须寻找新出路,工业物联网就是未来重要的发展方向之一。它颠覆了传统价值链,将人、数据、网络、流程和设备连接起来,将终端用户、设备厂商、集成商、服务商、云端和大数据连接起来,通过重塑商业模式,构建新的价值链,结合互联网技术(IT)与运营技术(OT),让行业提升了一个层次。产品不再是冷冰冰的机器,而是有温度的服务,它既呈现产品卖点,又可吸引顾客目光,还能创新营销手段,宣告行业从制造业走向了服务业,宣告设备从普通走向智能,宣告产品差异化,宣告竞争方式的更新,体现了产品从有形走向无形,从实体走向虚实结合,从硬件走向硬软件结合,更体现了设备厂商的转型决心、升级信心及创新能力。

二是可抢占先机,超越对手,铸就核心竞争力。通过物联网,逐步实现设备智能化，同时明确细分市场下的竞争策略。通过设备自身、传感器选型、定制协议、软件特性、App界面个性化和大数据分析这些优势项目，形成设备厂商产品定制和产品个性化，树立特有的品牌，为设备厂商筑起区别于竞争对手的堤坝，按照用户要求，利用供应链资源，建设物联网设备生态圈。在市场培育过程中，和上下产业链一起行动，不要犹豫，尽快前行。推行物联网市场策略不必深思熟虑，它本身就源于实践，归于市场，是"摸着石头过河"后形成的产物，抢占先机才至关重要。探索过程中，我们也许会发现"水很深"，但"山重水复疑无路，柳暗花明又一村"，在行动中不断调整资源，才能到达彼岸。

三是能提升销售收入，以收入促进市场占有率，提升品牌美誉度。物联网以标配投放市场，其收入增长直接体现为用户认可，但若因市场竞争导致用户不认可，则需要另辟蹊径，从差异化服务中获取收入，比如为客户提供高端、个性化定制的服务。同时，在物联网销售中以优质服务和大数据分析为卖点，有利于设备厂商获得更为丰富的数据链，可在投标中提升中标的可能性，也可提高中标后销售收入。五大差异化中的无人值守是物联网的天生特质，与称重软件结合，可增加单机设备销售收入，用硬软件产品、物联网改造旧产品，可获取改造收入。物联网将合作关系从"一锤子买卖"转化为一辈子合作，通过管理后台数据和用户微信端，形成App开发的黏性，增加了对用户二次销售的可能性，提升市场口碑，扩大市场占有率，有利于形成稳定的销售收入。利用生态链供应商资源，并且利用他们提供的积量返利、免费等优惠政策，降低成本，同时还可深入到非衡或非主业产品，丰富自身产品链，扩大资源整合范围，有利于延长产品链，增加销售收入。

四是可从容走向服务业。从制造业走向服务业，是设备厂商商业模式的重大变革，从设备销售转变为销售和租赁并存、设备使用和服务并举，以服务创造设备真正价值。其服务内容包括通过远程在线监控来分析设备故障的核心问题，梳理出设备本身、设备使用和核心元件等产生故障的原因，进行质量故障点预判，分清责任，促使设备使用商、制造商、供应链改进各自部分，提高产品质量，提升用户满意度，促进品牌建立，提升服务品质，提高产品的市场适应性。通过物联网即时监测，区分通过远程设置或操作即可简易快速排除的故障、可通过物联网软件升级排除的故障，这样可达成在线服务，减少人为干扰，节省人力成本和售后服务开支。服务内容还应包括，通过物联网及后期生命周期研究，提高服务效率，有效缩短设备待机时间，提高设备使用效率，从而提升服务满意度，提高客户回头率。通过物联网售后服务记录、服务费用分析和维修费用收取的状况，进一步细化所有服务，确认服务必要性，控制服务成本，增强服务准确性和针对性，提高服务性价比，由此提升服务收入。通过物联网信息化和在线检测，细致挖掘服务中远程判断、费用控制、配件故障、服务升级，做到"靶向式"的精准判断，全面体现服务创造价值。每半年或一年提供设备体验报告，及时或定时推送故障分析、故障解决方案和新产品介绍，让用户更放心、更舒心、更有信心。

五是运用大数据创造价值。首先是确保样本数据的准确性、代表性、衍生性，形成设备大数据，通过制造执行系统（MES）对设备进行扫描，建立"身份证"，收集设备、核心配件的型号、规格、编号、起始状态、日期、行业归类、使用环境和能源情况等数据，跟踪设备生命周期，形成有效的大数据分析。其次是通过大数据，来分析不同行业、类型和应用场景下，如何根据差异化的材质、工艺、造型、核心配件、应用环境及能耗配置选择设备，如何根据用户对个性化设备的需求，来确定最终的设备选型，使设备厂商对制造材料和费用实现有效控制，形成最优化的设备设计方案，体现最佳制造成本。再次是通过大数据分析，开拓设备厂商从自动化走向智能化的途径。大数据分析会进一步明确，为了设备智能化，为了设备运营有效性和场景适应性，我们需要做什么。大数据分析也会丰富技术参数，改善设备设计时传感器和

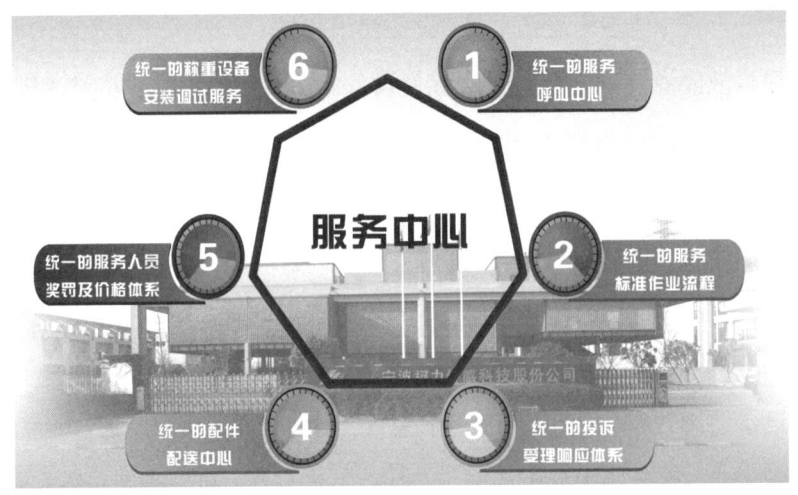

柯力服务中心

仪表,增加不同物理量传感器,对仪表进行研发创新,并让它们发生关联,从而满足设备状态在线监测和控制预测性维护的需求,反向促使设备厂商升级产品,变革商业模式。最后是大数据分析和产品生命周期的研究,可对设备、核心易损件的故障进行提前预警,对设备的使用期和维修时间进行预测,以延长设备在线时间和有效工作时间。这对于医疗、电力、农业、交通运输等行业至关重要。

二、物联网带来的变革

从设备使用者角度来看,工业物联网将为用户带来以下几方面的变革:

首先,将设备、传感器、仪表、软件与用户需求真正结合起来,数据离开原来的生产现场,到用户想要去的地方,可及时、快速显现,亦可多方分享,让用户更快做决策,提升生产率。

其次,减少劳动力成本。在劳动力管理困难和成本日益上升的今天,这可谓意义重大。物联网还可保障设备数据准确,减少数据人为干扰,有利于防作弊及质量控制。

再次，提升设备运营效率及服务效率，一有故障报警，就可启动服务，缩短设备待机时间，还可对故障预警，维持设备正常运营，避免因设备停产而产生巨大损失，这对需要不间断生产的企业意义更大。

最后，大数据分析为终端用户设备选型提供了行业与场景结合的个性化可能，有利于用户选择性价比更高的产品。即使选择上略有偏差，通过物联网和大数据，也能快速发现问题并纠正偏差，让用户回到正确的轨道上来。

物联网有提供终身服务的特性，提供周到的服务后台、人性化 App 界面和可与客户及时沟通的微信平台，让用户安心使用，也使他们对节约能耗有了信心，更为终端用户带来了舒适度和经济性，从而将供需双方契合度提升到新的高度。在工业 4.0 背景下，人、机、数据和网络实现了真正有机的结合，让行业大步走向"中国制造 2025"。

工业物联网正在成长，芯片、材料、传感器、设备等让能力提升，垂直产业链中不断出现新的应用案例、商业模式和市场结构。在软件、大数据、工业设计、人工智能等平台上，业务相互汇聚、融合，工业物联网正在以意想不到的方式创造新价值，未来必将会盛开智能制造之花。

※ ※ ※

物联网生态系统建设

人、机、数据、网络开始连接,流程、商业模式、服务价值、迭代式开发迅速呈现,物联网上的供应链、客户链、平台商、服务商等在逐步完善,物联网发展之快、规模之大,使得任何一家企业都无法仅靠自身推动物联网向前发展,所以我们必须全力以赴完成物联网生态系统建设,推进其纵深发展。

要形成物联网生态系统核心层,向纵深发展,物联网公司要做到:

一是扩大合作层,将充分理解并认可愿景的设备厂商发展为战略合作伙伴。公司要提供物联网的发展规划,与合作伙伴明确战略合作协议。协议中要包括合作到一定量后的优惠政策、个性化产品的定制、由业务经理和专门服务人员组成的物联网深化团队、差异化无人值守软件、拓展性的非衡产品、优先的供应渠道、后台数据服务团队和现场物联网解决方案等;合作伙伴也应向公司提供物联网用户需求痛点、智能设备改造点、大数据样本需求点、现场方案突破难点、盈利增长点和企业变革点,通过连点成线,织线成面,形成物联网生态系统,公司将会通过研讨会、展会等渠道与合作伙伴多沟通,通过市场走访、现场查看两种方式提出不同的物联网解决方案,紧抓设备在线检测和故障分析,抓住硬软件结合和无人值守特质,抓牢大数据分析和服务提升,获得多种差异化产品的销售、改造收入,达成二次销售和中标,实现合作伙伴当前实际收入增加,夯实他们未来可持续发展的基础,尽管付出极大,可能处处都需妥协,但是为了建设物联网生态系统,我们要一起努力。

对于暂时不愿意加入行业生态圈的客户,应允许其观望。要针对客户心态进行营销,了解他们的顾虑是什么。是运营费问题,还是数据隐私问题;是变革困难,还是尚未意识到未来的发展危机。不同问题有不同解决思路,对症下药,见招拆招。比如运营费,正常收取,但可积量返利,同时引导客户使用差异化无人值守软件、共享设备、定制保护、高端产品和非衡产品,帮助客户成长,通过延长产品价值链来冲抵运营费。只要客户感受到物联网生态系统的利益有增长,物联网的推广就有了土壤,就会逐步形成物联网生态环境。公司应无条件支持客户建立后台数据、App和微信平台,并进行大数据分析和在线检测,通过提升服务让客户感受物联网的优势。在终端市场目前认知缓慢、推进艰难的情况下,用周密的计划促进客户管理的进步,让客户感觉运营费值得付出。

二是打造非衡垂直产业链。从传统称重出发,向测力、测控、安全、计量等方面扩大,建设不停车地磅检测、港机、起重机械、建筑机械物联网,并与产业园区企业一起发展环保机械、医疗机械、注塑机、模具等,导入芯片、材料、传感器、仪表、模组、通信、云计算、设备制造及改造服务,形成更大的物联网生态系统。在这个系统中,有供应链、订单链、价值链、平台链,可做到以商引商、以链引链。利用公司营销或服务渠道,公司传感器供应链和数据中心,公司物联网园区现有的方案和商业模式,公司的团队和第三方人力资源,公司资本平台和众创空间,对传统产业进行改进或延伸。在利益格局中,我们要抓大放小,以未来为大局,以股份或战略合作为纽带,以订单为先导,以文化价值观为核心,共享产业资源,逐步向前推进,在垂直产业链中体现物联网价值。相信只要有落地方案,有改造创新效果,辅以资源,垂直产业链一定会逐渐形成。

三是建造物联网横向平台层。建设垂直产业链的同时,必须同步推进横向平台层建设,不断引入和培育产业共同需求的大数据云计算、软件、模组和 AI 平台。根据垂直产业链上的企业需求,不断调整和推进产业服务上的培训、检测、机械加工、PVC 线路板制作等;根据产业园区中不同企业的要求,提供各类服务型公司,包括第三方财务审计、行政、人力资源、投资、融资、法律、评估、专利服务等,让产业园区企业可以选择服务,并且公司应与产业园区企业分摊共性服务成本,承担共性服务质量管理责任,尽力让服务达到最便利、最低成本和最佳质量。同时,引入第三方服务机构,及时快速响应体系,提供有效解决方案,建立平台链企业与产业链企业对接的沟通机制、信息共享机制、方案实施协商机制和效果检验与推广机制,共同培育行业生态圈中相互影响、共同成长、互利互惠、共享共荣的气氛,从而促进横向平台层不断扩展,让物联网生态环境呈现出欣欣向荣之态。

物联网子公司必须要执行以下几点:

第一,必须要求对产品执行标配,明确年物联网标配数量。达到数量后总公司可按最低运营费返利给子公司,先量后质,在量的基础上逐渐深入,同时要坚决执行差异化的产品策略,坚决执行总公司物联网落地战术。

第二,要求子公司必须专门配置物联网后台管理团队,关注单台设备的在线状态和故障变化,建立可迅速启动的服务预案,评选服务和故障解决的

柯力园区

优秀案例，建立远程服务操作实务手册和客户微信端，改善 App 界面，使之更人性化，建立与总公司物联网月互动反馈改善体系，确定物联网子公司执行经理和后台执行服务主管名单，执行季度培训计划和服务考核方案，召开月视频情况综合沟通会，建立物联网子公司总经理和服务主管微信群，在群主引导下开展组织问题和案例讨论会，一一剖析物联网发展中出现的现场实际问题，有效推进物联网进程。

第三，协同大数据分析，子公司必须率先实施数字化车间，准确融合基础的设备数据与大数据所需的样本数据，协同分析并挑选大数据的模型，用心反馈大数据分析意见，优化设备设计和选型，完善数据建模，尤其要关注小样本和隐形样本中存在的萌芽数据，这些数据可能会对物联网价值产生潜在、巨大的影响。要坚定信念，周而复始地对大数据进行循环分析，直至创造出设备的大数据价值。子公司总经理应每月召集相关人员，对大数据报告进行专题讨论，集思广益，向总公司反馈，不断改善业务流程；子公司总经理还应奔赴市场一线，倾听用户声音，按照用户的需求调整大数据的模型；子公司总经理也要协同总公司进行智能化设备的改造和中试，并反馈市场应用情况，加强设备智能化，协同总公司对产品生命周期进行研究，尤其要关注核心配件生命周期，参照设备的样本来改进设备。

第四，变革子公司管理体系，从组织结构上改造市场营销部门，将市场营销部门提升为顾客需求管理部门，把引导顾客需求作为市场营销核心。重构服务部门，提升服务后台管理水平，进行远程服务、故障剖析、价值再造和客户沟通，加强研发尤其是软件的开发和细分市场的开发，同时加强与总公司研发人员互动，进行资源共享。子公司要坚定不移向前发展，将总公司资源与市场连接，不断开拓创新，成为物联网生态系统中的核心部分。

物联网生态系统是物联网生命力所在。我们要不断引入并培育优秀的合作伙伴，以共同愿景、共享信息、共荣机制、共鸣文化、共创精神，打造工业物联网未来生态。我们应根据每年的规划目标,凝聚物联网优秀团队,耐心倾听用户声音,提升招商质量,控制团队节奏,与合作伙伴一起分解月工作流程,怀着敬畏又坚韧的心,向前推进,为物联网生态环境建设不懈努力!

* * *

物联网对企业发展的影响

物联网正在快速发展，逐步凸显其独有的魅力，其形成的海量数据将对公司各个方面的运营产生重大影响。

一、服务创造价值

首先，物联网的后台数据对设备在线情况可即时监测，一发生故障，即可启动服务，确定故障原因，缩短设备待机时间，提升服务质量，提高用户满意度，体现物联网价值。

其次，通过界面来查看超载情况，通过物联网仪表与电脑连接进行仪表故障与电脑检测，通过秤台感受器受力状况得到的内码变化量来查看安装水平及排除传感器受力隐患，通过系数检查来确认角差，通过设备参数修改情况来查看信息被修改的具体时间，这样，可有效降低服务成本，提升服务效率。

再次，对产品做全生命周期研究，改变原来退货后才能开始检测分析的状况。从物联网产品安装、调试、检定后的第一天起，就实行物联网产品实时运行情况及变化的即时分析，跟踪需退货的故障产品，对其整个生命周期做分析，重点描述不同设备、不同环境和不同使用状态下传感器、仪表的生命周期，使实际使用情况与使用环境充分融合，并改善产品质量管理，尤其是工艺和物料的选型，提供全方位的质量追溯体系，可每月予以分析总结，摸索出差异化的产品质量体系和标准化的制造质量管理系统。

最后要对物联网服务价值进行分析提炼，形成远程服务的优秀样本和案例。在日常的服务体系中，要体现对终端用户售后服务的市场推广方法，推进物联网设备改造和应用，推进软件自动升级。每一次的推进都与物联网息息相关，量变引起质变，这样才能通过物联网创造更大价值。

二、把大数据当成企业最核心资产

除了自身的功能外，所有设备还会产生另外一组大数据，即设备自身状态数据，这一部分数据反映设备自身功能是否运行正常。设备自身状态数据是传感器、工业仪表的无形衍生，使传感器、仪表实际采集数据离开现场，到达用户所需点，通过云端、数据库、大数据收集进行归纳、清洗、建模，以产生更大的价值，对如设备选型分析、核心配件选择、设备利用率及能耗分析、设备超负荷运行情况统计、设备软件使用及改善、设备故障及数据失真情况统计、维保服务执行情况统计均有重要意义。尤其对医疗、环保、物流和海工等行业设备的实时监测和正常化运行，大数据分析可谓意义非凡，对讲究数据准确性的大宗物资、贵重产品交易行业也起到重要作用。同时大数据分析对客户的设备管理和企业的常规产品开发也很重要，无论硬件还是软件，在小数据重现、样本数据库管理和产品全生命周期研究上，都应要求研发管理体系顺应大数据分析。项目立项时，应考虑对数据采集和分析的需求，项目结项时，要按大数据需求进行验收并归纳总结，根据大数据分析逐渐优化开发流程，使产品开发向大数据方向汇聚，让应用过程监控、问题诊断、决策支持和智能预测变成产品开发不可分割的部分，让研发部门跟踪研究产品全生命周期。软件开发部门更需要向市场终端用户提供体验性、便捷性和准确性的数据导入服务，最终形成大数据流量服务。大数据也对信息化部门的数据安全、容量、冗余和均衡提出了新要求，要求做好数据备份，以防数据中断，切实保护好数据隐私，防止数据被入侵，以及建设强大的数据库管理体系。

三、优化产品开发设计、业务管理体系及创新商业模式

从产品设计来说，五六十年前设计的产品通过了市场风雨的检验，质量可靠，我们确实可以沿用。但设计上能否再优化？产品外形、用料、尺寸、结构和附件上能否达到最优？根据实际应用载荷和对市场应用的大数据分析，能否从源头上对产品设计进行改善？根据实际市场应用情况能否对不同型号的产品做差异化设计？能否用价格杠杆引导客户挑选性价比更高、资源配置更有效的产品？随着物联网的普及和推广，这些问题为设备厂商的市场竞争、成本最优化、核心元件的产品创新，筑起了竞争壁垒。

在业务管理体系上，物联网对业务员提出了新要求。他们除了要具备更多专业的技能，比如了解无人值守软件的功能，还要具备能从应用场景中发现物联网的能力，这样才能推动战略变革，协同公司资源共享。业务员要将有形产品的销售延伸到无形数据的销售，把硬件销售转化为硬软件结合的销售，把产品销售转化为向客户提供后台数据管理、微信平台管理、远程服务等。因此他们必须前往终端市场聆听用户声音，必须深入应用场景挖掘物联网价值，必须引导客户在战略体系上改变组织结构、人力资源状况，引导他们在市场营销、服务、开发上运用好自身公司资源。

在商业模式上，物联网价值不光体现在为终端用户提供信息化、实时的数据应用、及时的设备在线检测和服务质量的提升上，还体现在帮助设备制造商实现产品自动化与智能化的融合，提供在线检测与大数据分析，提供终身服务与迭代式开发，引导他们进行战略变革与转型升级，更体现在核心供应链上，如产品的优化设计、多物理量传感器应用体系的搭建。物联网商业

模式已不再是传统的收入与盈利模式,而是全生态链、全产品链。其发展初期注重转型升级,这是创新,需要敏锐的市场洞察力和持之以恒的执行力,其本质不仅是单个企业转型,还是行业转型,乃至国家制造业转型,是极为复杂和艰巨的,没有立竿见影的效果。

四、指引企业战略转型

当柯力从传统业务向称重物联网转型时,通过传统产品物联网化,先行先试,总结经验,引导垂直产业的战略转型。因此搭建了大数据传感供应链、检测、培训、工业设计、软件等诸多平台,产业园区也搭建了不同的价值平台和服务平台,为柯力迈入新的产业开启了大门,为平台向新行业、新产业延伸了产品链并创造了价值链,更赢得了生存空间,让柯力能够在物联网发展中获得新生,促使传统产业走向工业3.0和工业4.0,相互融合、相互借鉴、共同前行。柯力在不停车检测系统中实现设备自动报警和在线检测,在道路载荷中实现大数据分析,在起重机械中实现安全监控并提高维修服务标准,在港口机械中实现准确计量和安全测量。医疗、物流、环保等更多领

物联网发展讨论会议

域的设备智能化需求日益凸显,这对柯力来说是重要的机会。想抓住机会,要务实,我们要脚踏实地做好每一个核心元件,还要做好软件和大数据分析,不断推进称重物联网向自动化、差异化方向发展,要更深入研究重点需求,争取把传统行业设备变得更智能化、数据化,争取发现新的商业机会,让平台与战略的每一次碰撞都产生新的发展空间。

在竞争中占领先机,关键在于坚持战略思想和物联网思维,提升核心竞争力,在每一个稍纵即逝的机会中看见物联网、看见战略、看见发展。设备智能化是大势所趋,在发展中当然会有意想不到的困难,也可能会失败,但时不我待,我们要坚持下去。

物联网战略凸显智能化、人性化和数据化,鼓励人们看见未来、相信未来。企业的存在价值不能仅是追求利润和发展,更重要的是要为客户创造需求、创造价值,背负发展的使命,让我们不懈努力,负重前行!

* * *

物联网战略下的企业变革

随着物联网战略不断落地,我们能感受到物联网向前迈进的每一步,也逐步领悟物联网的内涵,因此在目前物联网战略的推行过程中,我们必须更着重强调对公司进行变革。

一、继续推进物联网战略,重在落实

在产品端,重点完成多物理量传感器及后续的物联网系统开发,将角度、湿度和温度等多种物理量与力学传感器融合,并显示在仪表、电脑和手机上,力争尽快进入大数据分析体系,逐步引入位移传感器技术、角度传感器技术等,监测设备的基础变化和变形状况,为智能设备的投入使用奠定基础,开发多种差异化无人值守软件,为不同行业定制软件,增加 D28 仪表的市场投放量,建设团队,完善产品,保障后续维护,提高大数据分析能力,延伸产品生命周期,推进工控仪表物联网市场应用的研发改进,加强国际版物联网产品销售体系建设。

在物联网应用端,建立产品全生命周期质量追溯体系,建立后台数据管理系统、微信沟通平台和软件自动升级系统,分析远程维修及服务的案例,为合作伙伴的后台数据管理人员和市场营销人员提供实务操作培训,让一线市场人员听见物联网的"炮声",让公司业务人员按照公司规定,每周走访终端用户、设备厂商,挖掘物联网需求,呈现物联网价值。

在非衡物联网发展上,逐步建立起自动故障报警和道路载荷大数据分析系统,让公司不停车检测系统有更大竞争力;生产具有安全监测和自动故障诊断的智能化起重机械;建立混凝土生产、运输、计量和干粉砂浆仓储、运输的信息化平台;融合第三方的智慧,建立智能化建筑机械的物联网合作平台;从钮锁称重系统走向建设包含集装箱质量大数据、箱号识别系统和集卡吊起报警装置在内的物联网,并择机进入医疗、环保、物流等行业,总结称重物联网先行先试的经验并加以运用,开辟新的工业物联网道路。

二、狠抓重点创新突破,重在跨越

目前国内外的康复训练器材、运动器材和机器人等新型消费产品都在应力、应变、微型和关节传感器上提出了新需求。要积极组建新的消费类民用传感器开发部门,积极建设消费类传感器、应变计生产线,开发产品,开拓市场,为企业销售培育新的增长点。同时,利用低功耗无线技术,加强各类建筑物,如大型场馆、桥梁、隧道和防波堤的安全程度在线检测,并优化其设计。开拓在线监测危化品、金融贷款抵押物等领域的新型物联网市场。在大数据背景下,根据设备、应用场景和行业的不同,加强对传感器的选型和设计优化。在仪表开发中,抓紧开发多物理量数字模块,开发 D28 自助一体机功能,开发适应国际市场的多语种物联网仪表,改善 D39 物联网称重仪表操作界面,生产多协议、多物理量、多系列的物联网仪表,并控制成本。在智能设备元件上,重点推进适应市场需求的一体机硬软件并优化成本,将人工智能中机器人技术、深度学习技术等与无人值守软件相结合,推进智能化无人值守硬件的物联网研究,使无人值守与设备融为一体,为自动化设备逐步成形并进化为物联网智能设备奠定基础。

在软件开发中,要解决 App 的实用问题,让软件应用界面更人性化,更具体验性。根据行业差异化的需求优化软件，形成"一主多副"的称重软件，开发可应用于多种应用程序的软件，打造使用方便、功能优秀、定制迅捷且有公司特色的软件品牌。

在大数据分析中，柯力利用与宁波中国科学院信息技术应用研究院合作的机会，开辟家电、能源云等领域业务，加强私有定制云业务，加强非衡物联网大数据的前期样本准备和数据收集，保证衡器物联网的样本代表性和准确性，关注数据链，形成数据价值链，并逐步建设可汇聚宁波工业大数据市场需求的渠道，深入到协会、数据库平台、产业园区，运用论坛、展会等渠道，梳理公司大数据，分析特色，形成品牌，使大数据分析成为工业物联网产业园区的名片，为产业园区建设增添色彩。

三、全面深化投资管理，重在整合

资本运营对落实物联网战略来说很重要。首先目光向内，重点抓好集团公司内各子公司物联网战略落地，包括冶金计量物联网、化工料仓检测网、流量在线网、不停车检测系统网、智能消防物联网等，在深度挖掘、综合运用现有资源的前提下，让不同子公司在不同行业里厚积薄发，朝着物联网方向迈进。

其次是建设传感器供应链平台，要联合国内著名传感器电商平台和传感器厂家，调研宁波及周边地区的传感器厂家、涉及传感器产业的新三板企业，以及专业协会、展会中的传感器企业，让这些企业在产业园区建立生产和销售基地，推进他们与公司发展战略的融合，达到"一大批企业入园展示、一小批企业入园发展、一至两家企业成为资本合作伙伴"的目标。

再次，在产业园区发展上，建立路演和投融资平台，引入外部产业基金和风投公司，解决产业园区内企业对资金的需求，关注产业园区内企业的发展，通过延伸物联网垂直产业链，给产业园区内企业成长创造更好的环境。

柯力股东会议

每月稳步推进五到六家企业入园,形成上下游的合作链、价值链、创新链,汇聚大量可供投资的绩优企业。

最后还要变革投资体制,引导内部员工创客化,促进产业园区内企业成长。建立企业内部投资发展委员会,调动一切资源进行市场调研和项目洽谈,储备、调研、洽谈符合产业导向、企业战略、有发展前景并资源互补的项目。在物联网产业链上,每年都要形成一家由我方投资控股的企业和一家我方参股的企业,促进物联网战略发展。

四、加强业务团队建设,重在引领

业务团队不仅要为了满足客户需求而销售产品,在企业发展中,还要激发客户对更高层次产品线的需求,挖掘行业终端需求,引导公司和客户共同转型升级。

一方面,业务团队要重点引导客户向着自动化、智能化、差异化方向前进,朝着硬软件结合、在线检测、终身服务等方向前进,从而赢得效益增长,做大市场,获得收益;另一方面,业务团队要充分深入其他工业物联网市场和电子消费品民用物联网市场，遵循市场需求来开发新产品和平台，不断拓展新的物联网应用空间。

在业务政策上，要重点明确物联网考核及奖励指标，强调新的行业应用和产品线的重大奖励政策，激励产业园区招商和投资项目。在客户维护上，除了日常巡回服务、开展研讨会、布置展会、上门走访等常规渠道外，重点关注客户在应用上的重大价值发现和内部变革合作案例，对客户从传统产品走向物联网产品，从有形产品走向无形数据销售，从传统设备走向智能设备，从常规行业走向新业态和新模式的经典事例予以重点宣传。不管是传统产业或传统行业物联网，还是新兴产业或新兴行业物联网，都要积累营销案例，摸索营销合作途径，深入营销应用背景，以点引面、由浅入深。

我们一定要提升客户价值，促进行业转型，做到方向正确、眼光长远、脚步坚定。既要对物联网战略深信不疑，又要善于从前沿市场发现机会，勇于在市场缝隙中创造机会，敢于迎接市场挑战，存变革之心，我们必能坚韧不拔走下去。

＊　＊　＊

物联网行动

目前,物联网正在全球推进,我们必须落实物联网行动,为物联网战略不断深化竭尽全力。

一、客户端

从客户端落实物联网行动,切实帮助客户提升销售收入或服务收入,最终帮助客户转型升级,实现利润递增。

客户必须要到终端用户那儿去,这是物联网行动的本质。要确定拜访新用户的资料,内容包括所处行业,设备使用频率,超载及选型,传感器、仪表配置,防作弊、防爆、防雷、防腐、防水、防鼠咬方案,差异化无人值守软件配置,称重软件接口,App 需求点,信息化数据结构及移动方向,数据要求准确性、及时性、分享性,设备要求精度较高、稳定可靠,多台设备或多个分厂可联网,售后服务有专人管理。业务员要与终端实际使用数据的部门负责人或最终决策人面对面沟通,通过对这些内容的描述、勾勒、分析,逐步了解并判断出客户真正的需求,然后根据需求制作对应产品,给出差异化、高端化、信息化、自动化、智能化相结合的多种方案。这些方案将会针对用户的需求痛点,有效提升产品价值,因此客户也会心甘情愿接受更高价格。目前许多物联网用户并不缺钱,缺少的是满足自己需求的产品和方案;一旦根据用户需求确定方案，产品一定会超越原来价格，有大幅度增值，物联网就会开始一段美妙的旅行。

二、用户端

在物联网行动中，一定要从用户端抓住"无人值守＋差异化＋软件＋物联网＋六防＋信息化＋智能化"的产品方向，满足高效、准确、成本下降、服务及时、延长设备使用寿命、提升设备使用价值等用户使用物联网的需求。为了迅速行动，客户应该坚定变革决心，坚守"物联网不是产品而是战略"的信念，坚持不懈地进行资源创新，如业务团队成员招聘年轻化、培训方案多样化、软件人才高端化、合作伙伴新型化等。同时将目前的物联网从称重设备向其他行业发展，如畜牧、环保、物流等，重点要不断推出新的产品，如智慧工地中人脸识别与安全帽定位系统、工地材料识别与质量防作弊系统和由红外线、角度、温度等多种物理量传感器构成的建筑机械上的安全检测系统等，实现客户产品线在传统行业上的延伸，开拓新的道路来实现物联网行动。

三、公司自身

公司在物联网行动中需明确定位，不能让客户以为我们只是传统的传感器、仪表公司。本质上，我们是物联网平台公司。

在衡器物联网中，我们提供物联网战略转型所需的技术、产品、管理、供应链。

在技术上，我们主要拥有人机对话和图像合成，还拥有低功耗无线、高速动态、ERP与MES等软件，以及支付小程序、行业细分下的称重软件和各类软件接口。

在产品上，我们有上千种差异化的产品组合及上百种个性化的定制需

柯力物联网巡回服务——广西站客户培训

求。在供应链上，我们拥有导线、打印机、摄像头、限位接线盒、多种物理量传感器、模组、无人值守软件等产品。

在管理上，重点要为客户进行业务、技术、财务等专题培训，提供不同的解决方案，提供服务器和大数据分析，提供定制保护，提供后续产品智能化设计方向，为客户打造内部制造 MES 软件，为客户提供后台数据分析、远程服务和在线监测，为客户提供非衡物联网协同拓展和市场营销，为客户提供产业园区企业合作机会。

在培训服务上，我们既有客户集中培训，又有用户走访培训，也可对终端用户和管理部门进行集中培训。只有有了新的产品链和市场发展空间，有了市场扩张和利润增长，才能在更广阔的市场上和更纵深的产品链中获取新的增长点。我们与客户风雨同舟，公司愿作为行业转型发展的台阶，成就客户。

从卖产品到做方案，从硬件到软件，从价格战到根据用户需求提升数据价值，我们的客户正在开辟一条工业制造自动化、智能化、信息化的新道路，我们应敏锐察觉到客户的变化、技术的进步、数据的联系、价值的呈现，乃至行业的未来,坚定信心与客户站在一起,引导用户想法,获取需求增值方案,不断打开应用的窗户,提升产品附加值,促成新技术在方案中的应用,开创物联网应用的新天地,在物联网跑道上脚踏实地向前迈进!

＊　＊　＊

大数据运营

物联网与传统产业最重要的区别是数据化。工业物联网的核心是大数据运营，它在工业研发设计、工艺优化、设备维护、质量控制、节能减排等方面的作用越来越明显，它将有迹可循的工业流程转化为数据驱动。工业物联网最终要体现对数据的采集、计算、分析、预测，让现有工业产品和针对产品所制订的方案实现最优化运行。

一、目前大数据运营中存在的阻碍

一是数据数量不足，包括传感器应用不够、信息化程度偏低、协议多国制、接口难开放、采集方向不明、采集成本与收益不匹配等。

二是数据质量不高，主要是数据原始化且未梳理、数据管理层次低且易失效、数据输入随意且无法验证、数据采集的实质效果不明显、数据挖掘价值不高。

三是数据未产生连接，从公司内部看，不同的客户管理、供应链管理、仓储物流、财务人力等并未融合；从信息化板块角度来看，ERP、MES、CRM、PDM、SCM、CPS未打通；从物联网生态系统角度来看，要实现上下产业链中不同企业之间的数据流通，标准协议、商业模式、安全合规等数据的合作和流通未解决。

四是大数据分析浅层化,大部分数据只是描述设备的现状和历史,需要基于数据预测设备、车间、企业的未来,根据数据分析结果,绕过人工干预,自动直接指导企业运作,帮助实现产供销一体化。目前大数据分析价值未实现,行业与物联网的结合才刚刚起步,真是"路漫漫其修远兮"。

二、大数据采集

首先是要不断深入采集衡器大数据,重点抓好数据采集的核心内容,包括行业、秤台长宽、量程、设备编号、仪表型号、传感器数量和协议,也包括安置调试的日期、绑定、铅封、调试状态等,还包括维保服务中的维修单、维保信息、维保历史等,并且一定要在填写必填项后才能启动设备应用,同时软件开发必须考虑后续大数据采集的必要性和有效性。

其次是根据设备痛点,对设备超限超载、通信中断、通信密码异常、铅封打开、外壳打开、模块负载异常、AI异常等进行修复,并将湿度、温度、角度、气密性等一系列数据进行采集、传输、分析、运算、清洗,得到尽可能完美的解决方案,同时在技术手段上根据痛点要求再优化设计。

再次是加强巡回服务和上门拜访,按照战略合作伙伴的要求,制定大数据定制化方案,重点将物联网价值与自动衡器、差异化设备、解决现场应用场景的定制产品等结合,让客户选择不同硬软件,做到配置差异化和价格差异化,让物联网落地,让终端用户真正体会到物联网的价值。

最后是不断地倾听和摸索市场中隐藏的需求,提炼出数据模型,反推设备数字化过程中所需补充的硬软件,分析数据流动方向,在保证核心数据采集准确这一前提条件下,不断完善大数据运营模式,直到用户认可设备的数字化运营,真正开启工业物联网之旅。

三、成立大数据运营公司

数据是企业未来发展的重要资源,要寻找优秀的企业合作伙伴,共同组建大数据运营公司,运营思路包括:

一是明确双方的资源和责权利,共享大数据资源,组建数据市场开拓部门,通过第三方委托的形式与政府经济管理部门合作、与专业市场调研咨询公司合作,或加入联盟或协会平台、参加研讨会和展览会、拜访集成商和服务商等,重点了解宁波优势产业状况,如服装纺织、模具、汽车零部件等。而对具备工业物联网"痛点"的环保、医疗、计量等领域,重点满足其对数据准确性和防作弊的需求,完成其对设备维护和持续运营的要求,做到安全预警和生命周期分析。只有不断地接触、分析和融入,才能找出数据价值和运营的生命力所在。

二是对目前的公路超载系统进行大数据分析,进行设备自动故障预测和在线检测,提高数据的有效性,并对载货车辆超载、空载,货物密度,路面质量等大数据进行分析,为道路维修和后续新建道路提供科学的数据,重视建筑机械安全性、起重机械可靠性、机床刀具磨损性,对高炉、泵机和压缩机等设备进行健康管理以减少维护成本,进行业务拓宽和产品链延长,提升产品档次和价值。

三是建立大数据第三方服务平台,通过聚集数据架构师、BI 工程师和 ETL 工程师,进行云计算、数据库管理,对中小企业数据计算所需的硬软件,进行官方网络直销。将中小企业服务中难以确定的算法、硬软件、App 和云服务,作为标准化和定制化的产品销售,并择机开放平台,全面合作,也为开拓市场提供更多信息。

四是既要参与政府制订的数字经济行动计划,又要加大联系、争取政府支持,还要结合招商引才的项目,不断延长生态链,将大数据产业逐步做大

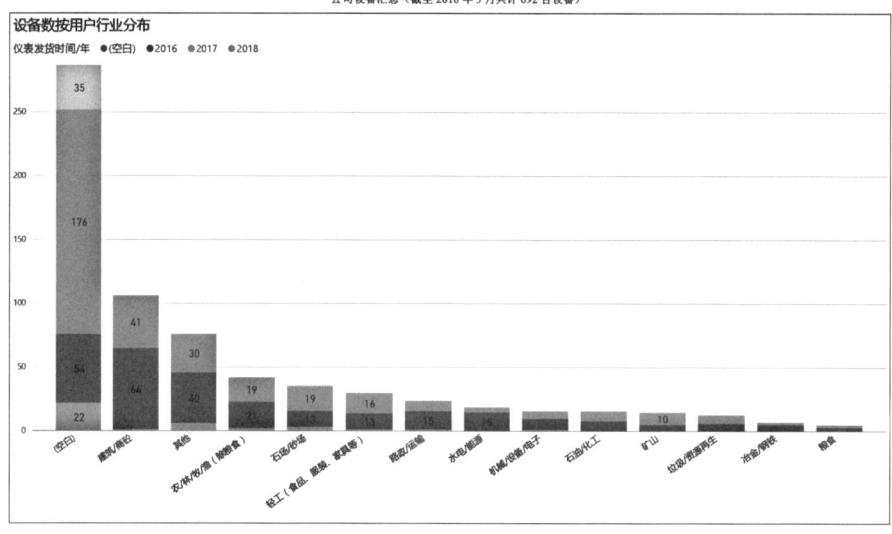

设备数据记录

做强。

五是加强商业模式的建立，前期投入必须与设备自动化、差异化、智能化结合，以"三化"来养大数据，补贴其所需的大量市场开拓成本和人力成本，同时结合多方收入，逐步达到盈亏平衡点。后期要通过大数据分析运营为用户带来多种价值，与设备厂家、经销商、软件商、集成商等进行更深层次合作。

四、大数据运营

在大数据采集、传输、云服务、计算、提炼等各个环节中，不管终端用户有什么样的需求，都应该按其需求集中资源为其服务。在终端用户各类"痛点"需求中，必须将精力集中在制定关键"痛点"的解决方案上；在终端用户需求挖掘上，必须将行业、场景，和应用需求结合。在大数据采集中，一定要发挥传感器行业的优势，应用人工智能新技术，根据"痛点"来决定传感器种类、数量；在大数据应用上，必须与终端用户结合，将工业物联网大数据与现有终端用户进行数字化融合；在大数据运营服务上，可以多方位出击，对多个行业做市场调研，但在实际营销中，除第三方服务平台外，仍要聚焦于行业的"痛点"，不可多方位出击，以避免资源协同不足。市场和研发人员必须汲取行业老师傅的经验，将理论和工业机理模型相结合，建立智能制造和产品数字化的大数据运营模式。在大数据公司运营中，要对市场开拓中行业"痛点"的发现和商业价值的分析给予重点激励，要实行有效薪酬激励和股权激励机制，重点奖励解决方案可落地、可在行业推广的业务技术人员。

大数据运营超越了传统行业的运营方法和思维，其实质是一次新的工业革命。让产品与数据、有形与无形、技术创新与大数据分析相得益彰，是物联网战略必须达到的目标。大数据是企业的核心资产，也是企业价值所在，大数据运营是工业物联网走向新高度的必经之路，我们要努力前行。

* * *

PART 2

园区规划
—— 打造物联网产业综合创新体

物联网产业综合创新体发展

发展工业物联网是宁波贯彻落实"中国制造 2025"试点示范城市建设的具体行动,也是宁波工业经济产业转型和实体经济振兴的必然选择,更是建设国家级工业物联网产业示范区的有力探索。宁波市江北区拥有宁波市工业物联网特色产业园、浙江大学宁波工业技术研究院和中国科学院计算所宁波创新中心等良好平台,拥有宁波柯力传感科技股份有限公司、宁波中车新能源科技有限公司、宁波水表股份有限公司、宁波赛特威尔电子股份有限公司等优秀企业,呈现出网络建设布局提前、平台发展势头良好、软件解决方案不断深入和技术创新能力不断提升的发展态势,但是也存在产业链不够完善、信息不畅通、顶层设计不足和专业人才匮乏等问题。为进一步推进物联网产业综合创新体的发展,我们仍需下定决心,加大创新力度。

一、坚持以龙头企业为市场主体

首先要充分利用市场的"无形之手",让龙头企业发挥作用。尤其在产业园区和众创空间运营、资金及土地资源利用、企业微观管理和行业市场资源的具体操作上,龙头企业与市场、产业有一定的联系,且熟悉市场,在龙头企业的带领下,让三者充分发挥特点,使市场资源得到最优化配置。若要让产业发展以市场资源配置为核心,政府就应更多地在资源协调方面发挥作用。

其次是加强产业综合创新体的顶层设计,明确未来三年发展目标和行动计划,把产业综合创新体建设上升到政府数字经济"一号工程"核心推动力的高度。重点关注优势龙头企业的想法及其发展规划,使其与产业综合创新体的发展思路相融合;导入政府资源来加强产业链和平台链建设;关注产业园区、众创空间、孵化器的发展,让它们与产业综合创新体充分结合;关注产业政策。

再次是结合政府推出的"工业三十强企业"政策、人才引进政策、产业园区建设政策和兼并重组政策等,促进新经济不断发展。

最后让最有效率的市场主体拥有最优质的资源,使资源拥有最优化的市场配置,发挥产业综合创新体的优势,让市场的"无形之手"和政府的"有形之手"相得益彰。

二、扩大产业综合创新体空间

在综合性和创新性的物理空间布局中,要对园区内空间闲置情况和企业后续发展方向进行摸底,出台鼓励优秀企业兼并的政策,其中包括土地厂房交易税收、契税优惠等政策。要允许产业综合创新体中龙头企业扩大厂房容积率,允许其兴建综合创新体人才公寓并分层出售。须为产业综合创新体配置一定的商业用地进行生活环境建设。对龙头企业运营的平台、城市客厅、众创空间、孵化器等难以短期盈利的项目进行商业配套。重视打造适合"90后""00后"年轻一代创业、创新的环境。

三、坚持信息共享、资源协同

首先是招商信息共享。龙头企业应积极拜访市、区两级招商中心和经信局,介绍产业综合创新体发展情况,争取汇聚更多招商信息,提升招商会议规格，召开周期性的招商会议，建立招商激励体系，明确考核办法，增加招商对象和综合创新体资源契合度，提高招商质量，确保企业落地后的有效发展。

其次是人才政策共享。我们为产业综合创新体的人才引进提供平台，将人才引进与产业综合创新体的招商相结合，将人才引进与补齐产业综合创新体短板相结合，将人才政策与产业综合创新体的发展相结合，将人才机制与新生代企业的经营需求相结合，尊重企业家的创新精神，激发年轻一代的创新热情。同时，将人才信息库建设与产业综合创新体的需求融合，通过与大专院校、科研机构合作，以组建产业专班、技术创新团队等为手段，加快产业综合创新体人才的引进和储备。

再次，产业综合创新体要树立品牌。起点要高，顶层设计要远，落地要稳，渠道要多元化，硬软件要两手抓，品牌内涵也要提升。要增加销售收入和税收产出，集聚人气，促进核心企业成长，培植创新创业体，培育创新创业行业生态系统，打造传感器、工业软件、大数据和物联网应用四大功能区，建设品牌园区。

宁波工业物联网产业创新联盟筹备会

最后是打造产业联盟。产业内实现信息共享、资源互补；产业外提升知名度，形成品牌辨识度和品牌吸引力，运用联盟力量对产业综合创新体进行各种资源供给，尤其是在传感器、模块、大数据、云计算、应用示范等领域，从而带动企业转型升级和产业变革。

四、加快完善产业链

梳理现有不同众创空间、孵化器内与物联网相关联的产业，收集物联网产业中的优秀供应商，摸清龙头企业对产业综合创新体的想法，调查企业转型升级时对产业综合创新体的需求。加快满足其需求，通过产业综合创新体资源共享、政府招商、科技大市场成果转化和人才引进等途径，补齐龙头企业短板。同时也要输出产业综合创新体的品牌和资源，以促进产业综合创新体发展。重视平台作用，加速建设传感器供应链、软件、大数据、云计算、工业创意和物联网学院等平台，出台针对平台的评估和激励政策，为完善产业链、支持平台发展、运用和创新产业链而前进。健全产业链配套服务体系，包括金融机构、IT 服务商、知识产权第三方机构等的配套服务。抓住行业物联网应用的有效功能点，以大数据分析价值为落脚点，发挥行业应用示范点的引领作用。通过剖析行业物联网、大数据和人工智能价值来逆推产业综合创新体的发展方向，创新工作思路，优化产业布局和顶层设计，反向推动实体企业的转型升级，以优秀的案例推进产业综合创新体的发展，从行业到平台，从平台到产业，以产业促进园区繁荣，以园区发展带动产业综合创新体发展。

* * *

工业物联网产业园区再发展

经过一年半发展,产业园区已引入百余家企业,2018年产值达1.6亿元,税收有600多万元。格劳博视觉机器人生产线、库玛机器人生产线、恩瑞德电动注塑机、古思自动化生产设备等一大批项目已落地;中国工业设计研究院宁波分院、宁波洲创人力资源服务有限公司等也逐个落户。通过招商,在物流、环保、医疗等行业中,控制系统、传感器、自动化元件、软件、大数据物联网设备等领域的企业也不断入驻园区。我们已有了物联网产业雏形,已经聚集了一批优质企业,但在产业园区的发展道路上,仍需坚定地走好每一步。

一、拓展产业园区空间

在2019年,我们建造了占地面积4万多平方米的物联网大厦,2019年5月起开始开展招商工作,预计2020年可再增加3万多平方米的招商空间。新大楼的落成和招商空间的增加,这既满足招商硬件需求,又符合公司招商节奏。同时我们要在宁波市江北区打造孵化器或众创空间,通过购买新的土地,或对老厂房进行改造,逐步按照产业园区拓展计划和企业培育计划进行分园建设,还要建设中西部分园,扩充物联网产业园区的发展空间,满足产业园区企业对全国市场的开拓需求。我们一定要稳步推进,一步步地满足产业园区企业的需求,重点完成其对一楼厂房的核心需求,留住优秀企业,为产业上下游整合和招商创造条件。在空间拓展上重点关注合作模式、土地价格、交易税收及后续的产出,树立园区企业发展信心,完善宁波物联网产业顶层设计,结合政府产业扶持政策,稳步推进产业园区建设。我们还须加快公司自身发展,为后续空间拓展提供支持和保障,同时降低空间闲置风险。

二、高质量发展产业园区

在招商过程中坚守宁缺毋滥的原则,一开始就对每家招商入驻的企业做出风险评估报告,评估报告包括企业基本情况、产业、团队、产品、技术、市场定位和发展思路,以及入驻前三年的销售收入、产值、商业模式和增长方向。重大招商项目和特殊政策项目要在招商会议上经过集体讨论才能做决定。同时在企业入驻协议中,明确每年销售收入、税收等的基本要求,在条款中规定,企业如未达到基本要求会被清退或调换。运用租房补贴政策和税收优惠政策对低产值、低技术企业进行经济调节。对已入驻企业,建立入驻企业的详细档案,具体要包括每月产出、税收、人员变动、产品研发、当月需求、投融资需求等。通过微信群联系反馈、专题面对面沟通、日常走访、月度需求计划回访,季度座谈会等机制了解入驻企业的情况,每月更新档案。对困难企业,则要以园区和公司资源共享来帮助入驻企业渡过难关,让企业走出困境。聚焦需求明确的企业,从公司层面甚至政府层面,为其寻求快速的解决方法。

在产业园区发展中,必须实施入驻企业差异化的培育策略,全面细致地制订企业成长培育计划,对症下药、见招拆招,帮助入驻企业摆脱发展瓶颈。对有发展前景和管理思路的企业,柯力将全力以赴帮其解决问题,甚至以不惜牺牲自己的短期利益和资源为代价。要结合问卷调查和日常走访,筛选出核心培育、重点培育、专项培育、有条件培育的企业,制订梯队培育计划,分别给予政府政策、市场服务、研发设计、投融资、人力、软件和大数据等资源。到2020年,力争培养1家产值上亿的企业、3家产值达五千万的企业和20家产值上千万的企业,以及2~3家企业进入新三板或科创板市场。

让企业在产业园区内安心留下,用心经营,我们还必须探索创新的价值链体系。从供给端看,宁波市工业物联网特色产业园要重点建设传感器供应链,尤其是建设好不同物理量供给及选型;重视大数据、云计算,与宁波中国科学院信息技术应用研究院共同打造大数据公司及人、机、物融合平台;狠抓工业设计,与中国工业设计研究院宁波分院一起打造工业创意设计与数字化充分融合的"双胞胎"产品,推广行业应用,率先落地;重点发展环保、称重、物流、医疗等行业的物联网。上述应是目前工业物联网产业园区的发展重心。从需求端看,推动产业园区企业加强行业各个环节的顶层设计,推进企业向上下产业链移动时共享所需的各类资源,推介行业应用及平台融合中的成功案例,推行先进的商业模式和管理变革。以行业应用落地为目的,让供需两端充分结合,让市场链和投融资串联起来,让传感器、大数据和

2019年柯力工业物联网园区国庆政企座谈会

人工智能串联起来，把园区服务、公司发展、品牌建设和政府支持串联起来，既融合现有资源，又体现效应，还激励了园区企业的发展。

三、提升招商质量、拓展渠道

除对引入企业严加把关外，还必须加快开拓招商渠道。

首先是明确招商指导思想，坚持质量第一、数量为辅，做精品工程。既要控制源头，引入产业园区短板项目、产业链断链项目、大平台项目、园区企业急需项目，又要存量优化。招商空间有限，企业发展无限，要发挥最佳资源配置，在有限的空间内发展无限可能。

其次是充分利用各级政府部门和驻京、驻沪、驻深等办事机构的招商资源；利用第三方招商企业和孵化器的合作有偿招商；利用公司自身和园区企业的力量"以商引商"；利用人才引进政策进行多资源、多渠道招商。

再次是建立强大的招商激励机制，对成功引入企业的招商人员进行不同程度的激励，对成功引入快速成长企业的招商人员进行再次奖励；对成功引入新三板、科创板企业的招商人员，根据引入后成果予以奖励；聘请园区招商顾问，制定招商顾问的工作流程和奖励制度。

最后是促使招商人员自我提升，扩展人脉关系，设立差异化的积分考评及绩效管理体系，建立招商人员内部学习、外部培训的成长机制，健全招商手册，建设招商信息库，重点完善招商项目跟踪，让招商人员自信且有成就感。

四、树立产业园区品牌

品牌是客户体验的综合反映，体现整个园区的价值。

品牌渠道上，我们要重点拓展自媒体、新媒体和传统媒体的宣传途径，让政府、合作企业和社会团体了解产业园区，可展示产业园区各大平台、各项价值链和优秀入园企业，让大家对产业园区形成有价值、有未来的良好印象,树立口碑。

品牌硬件上,对园区的道路进行修整,改善停车环境,修缮电梯、排水系统和屋顶,推进物联网大厦和人工智能大厦的绿化工程,搭建起物联网大厦的大型"广告牌"。

品牌软件上,全面强化和提高服务人员的服务意识和服务资源协调能力,建设无微不至的服务平台,让产业园区给人宾至如归的感受;建立产业园区服务满意度考核体系;重点建设物联网大厦二楼,筹建物联网城市客厅,全面提升园区吃、住、行等生活条件。

品牌内涵上,一定要有价值,让订单链、产业链和平台链互为供需,相互促进发展,为入园企业解决核心需求,帮助其成长;一定要创造生活、生产和谐统一的环境,让入驻企业安心发展、用心经营;一定要有未来,关注年轻的创业团队,激发团队活力,重视前沿学科交流,建设人工智能平台。一定要让汇聚在产业园区的企业信赖我们,我们将为之不断努力奋斗!

产业园区目前仍处于发展初期,我们务必保持清醒,集中精力解决资源碎片化、平台低端化、力量分散化和主线不清晰的问题。从"房东"角色转变为股东角色,公司有很长一段路要走,生活、生产环境需不断优化,我们需大平台的建议和政府政策的支持。我们要在高速发展中,切实解决园区企业遇到的每一个困难。百尺竿头,更进一步,我们要为形成平台、人才、资本、生态相融合的工业物联网产业综合创新体而不懈奋斗!

※ ※ ※

物联网衡器

随着物联网技术逐步发展，物联网战略不断深入，物联网与衡器的结合使称重行业发生了巨大变化，衍生出物联网衡器产品，既改变了衡器，又为衡器企业的发展开辟了一条新路。

一、自动化衡器

原来的"钢板秤台＋传感器＋仪表"的传统衡器正逐步走向"无人值守＋视频摄像头"物联网衡器，视频摄像头成为衡器不可分割的一部分。全自动衡器从最简易的"一路单向摄像头＋红外光栅"发展到"多路摄像头＋前后红绿灯＋红外光栅"，再发展到"近或远距离读卡器＋语言提示＋车辆指挥系统＋单号识别系统"等多种中高端产品的组合，并在终端建立包含"工业平板电脑＋仪表＋打印机＋扫描器＋车辆道闸系统＋人脸识别＋支付平台＋物联网在线检测＋自动结算系统"等的一体机，同时针对客户特别需求构建个性化自动衡器体系，形成自动化无人值守衡器新产品。

从长远来看，对影响无人值守功能的道闸栏杆机、红外光栅、地感线圈、车牌识别器等设备，运用人工智能技术，对配件故障监测接口进行信息读取和分析，在 App 界面上实时显示硬软件当前情况，并上传服务器，即可实时查询自动衡器硬件状况，实现在线无人值守自动衡器的故障分析。

二、物联网防作弊设备

根据终端用户的市场需求,搭建集定制协议、多物理量传感器、多物理量仪表,以及视频图像抓拍、故障自动报警、电子铅封打开报警、大数据分析等功能于一体的产品防作弊体系。为重点企业、重点行业、特殊系统、有特殊需求的场合,购买商业的防作弊保险,让终端用户放心。通过上述一系列的技术和手段,形成具有物联网特性的防作弊设备系统。

为使客户满足终端用户,公司不仅提供了传感器、仪表、软件、无人值守系统、物联网系统,还提供了防作弊在线检测、防作弊报警和商业保险,从而推进衡器行业在防作弊领域中的产品开发,满足市场需求。

三、智能衡器

首先应用包括湿度、电流、温度、位移等多物理量传感器,对称重计量过程中环境变化、秤台变化等进行实时测量,以更快的服务、更准的计量、更全的故障分析和更佳的客户体验提升衡器智能化水平,从而优化产品设计,达到产品正确选型。

其次是秤台限位检测系统,由位移或角度传感器对秤台变形或限位距离进行测控,超过变形量或位移量则立刻报警,增强超差调整及时性,保证计量精度,保证反应快速性。

再次,在多物理量仪表上,通过两路以上接口及物联网功能将数据上传服务器,并通过软件统计功能、支付功能、使用功能、ERP接口功能等,实现PC端和手机端对数据的收集、归类、分析、提炼,使称重数据离开磅房,离开称重现场,传播得更远。这样就能体现设备价值,展望衡器企业的未来发展。

衡器开始由"硬"到"软",由电子化到自动化、智能化,在智能化上,终端用户、供应商和生产商都产生了质的变化。从产业、行业及企业间的竞争来说,它们都迈入了智能化的新阶段,进入了多赢互利的物联网设备新时代。

四、数据准确性

衡器不仅要可快速称重,还要保证称重准确,这是物联网衡器的本质要求。从基础配置来看,集物联网传感器、仪表、软件等的一体机呈现了防作弊、全自动、智能化的特点。通过多物理量传感器和仪表、CAN 总线、视频图像、后台数据、参数、日志、历史数据等,来判断称重数据状态是否异常,监控数据准确性;通过检查定时数据、内码、零点等各参数,比对后续称重时产生的内码、零点等各参数,来判断此变化是否在称重精度合理范围内,从而推断计量是否准确;通过传感器内码状态,以及具体状态参数,结合具体场景,判定衡器稳定性和计量准确性。同时提取数据采集频率、冲击偏载或瞬间分析衡器使用时状况,进行大数据分析,推送到使用设备上,可与传感器受力、选型、维护相关联,推送到场景应用上,可与计量准确关联。通过传感器全生命周期研究,来预测核心元件的质量寿命,从而为设备准确性的核定奠定基础。因此,物联网战略下的数据准确性研究为衡器带来新的课题和生

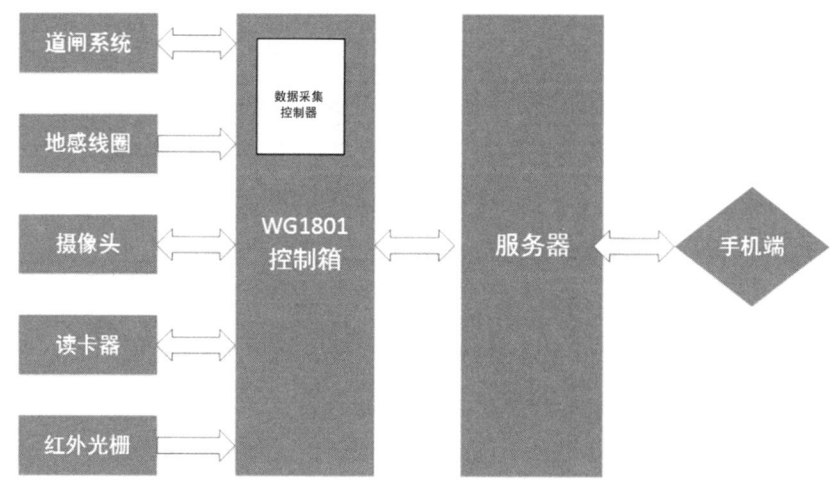

自动故障检测系统

命力,我们需要不断创新深入研究,使衡器更完善。

五、人工智能衡器

人工智能是衡器发展中的重要一环。

首先是人机对话,称重过程和无人值守过程中发生了故障,可通过与仪表或无人值守系统进行人机对话,确认故障点,通过人工智能分析后告诉过磅者如何进行下一步操作,同时对无人值守系统或一体机或仪表发出指令并进行操作,纠正过磅者操作误区,同时后台进行自动故障报警,开启软件在线判断恢复或硬件故障检测,实现人工智能衡器。

其次,在衡器制造中,机器人取代了生产工人进行下料、钣金、焊接、抛丸、表面处理等生产工艺,那么,在衡器使用过程中,机器人也可替代工人,进行无人值守操作、设备维护和检修、故障排除等。

最后,当逐步推进的大数据分析和物联网衡器智能化积累到一定阶段,多维样本数据不断丰富,机器深度学习能力提高,将带领衡器对设备产生的问题进行自动求解、逻辑推理和智能探索等,使设备真正成为衡器专家,即打开了人工智能衡器新篇章。

在物联网战略下,衡器正在经历由"硬"变"软"后续阶段,不仅要将"硬软"结合,还要将先进技术与应用场景结合,由有形向无形发展,由制造向创造发展,既要与大数据、服务链和需求创新链准确结合,又要与人工智能、企业战略变革结合,逐步走向一个崭新的物联网衡器时代。

※ ※ ※

再定义衡器

衡器是什么？自从机械衡器发展为电子衡器，二十多年来，衡器一直被定义为"秤台+传感器+仪表"，但这个概念在今天则有待商榷，如果不颠覆衡器固有概念，衡器行业的转型将面临重大的阻碍。那么，在新时代背景下，衡器究竟是什么？

一、衡器是产生称重数据的设备，本质是称重数据

直白地说，衡器只产生称重数据，用户购买衡器是为了随时随地得到称重数据。但随着通信技术不断发展，若数据只显示在磅房里，则已经远远落后于时代，因为数据的价值一定要体现在用户的价值上。所以，数据必须连接，要通过协议接口与ERP、MES、CPS等系统连接；必须准确，为用户管理系统提供有效信息；必须及时，实时反映用户物料生产及工艺管理过程；必须系统，为用户的采购、生产、制造等环节提供决策信息。只有产生链接并且及时准确体现系统性的数据，才能使衡器的设备价值呈现出来。

物联网需要重点解决以下三个问题：一是防作弊系统中心AI检测、定制协议、图像监测、故障报警、大数据分析等产生的问题；二是多物理量和智能化传感器、限位检测盒、多接口多平台仪表产生的问题，要确保数据准确，让用户放心；三是重塑衡器意义，延长产品链，运用人工智能技术，让衡器

自动化、智能化。同时,加强大数据应用分析,包括多种差异化信息、超载信息、安装调试操作后的故障信息和维保信息的收集、分析、汇总与跟踪,在进一步挖掘需求的基础上更好地实现衡器的本质。

二、衡器是解决称重问题的装置,其本质是方案

用户对衡器的需求是多方面、多层次的,有对秤台、传感器、仪表等差异化的需求,也有对使用频率、精确性、稳定性的需求,还有对防作弊、防爆、防腐、防水、防雷、防鼠咬的需求,甚至在在线监控、远程服务、软件在线升级、故障判断及维护和人机交互方面提出了相应的需求。

在营销中,不能不管用户内心真正的需求,就将传统产品和样本硬生生推广给用户,不能只按传统营销方法进行衡器的报价,而缺少对价值创造源头的摸索。要知道所有硬件的成本都公开透明,唯有"痛点"需求才是真正有价值的,是用户真正愿意付钱的。一定要用方案创造价值,而不是把价格作为唯一考量,这样价格竞争的难题才会迎刃而解。

按照用户需求,结合企业自身资源和生态链上的企业资源,为用户做好解决方案,并且形成产品手册和产品技术平台,不断针对不同用户的需求提出解决方案,丰富衡器企业的产品,体现生态活力,从而重塑衡器意义。

三、衡器是硬软件结合的称重设备,其本质是软件

软件改变了衡器的成本构成,定义了其获取利润的方式和未来的发展方向。众所周知,硬件都有材料成本,其毛利率不可能为百分之百,唯有软件毛利率达百分之百,硬件的价格和成本才会透明。如果没有技术支持,很容易陷入价格竞争的怪圈中。一旦硬件与软件结合起来,衡器的活力便充分展示出来,由于软件使成本构成发生了变化,其报价也发生了变化,而硬件的材料成本没发生变化,故收入会明显上升。软件正在逐步改变行业属

性，改变产品结构，重新定义衡器。衡器未来的出路主要在产品形态软件化上，人工智能、大数据、物联网衡器都必须依赖软件，只有重视软件，衡器行业才有希望，才能真正使利润产生于称重过程，才能进入一个新的时代。

同时，衡器的重新定义要求衡器企业重视年轻人的发展，提倡变革营销方法和渠道，建立针对新营销需求的解决思路。同时，建立新的激励机制，打造股权结构体系；建立与需求方案匹配的产品体系，不管是行业内生态合作，还是与第三方软件公司合作或是自己培养软件开发人员，都要重点打造软件开发体系；深度挖掘后台数据，培养后台数据管理人员；形成远程服务体系并维护新的服务模型，要从大数据中逐步提炼出设备行业方案和二次营销解决方案；重视产品销售单价的提升，而不仅仅关注数量和价格的竞争；重视产品的出口。在内部管理上应加强设备自动化、生产精益化、管理信息化，在营销渠道上提升直销人员素质，深入挖掘客户需求，保证直销的信息来源真实可靠。

一卡通系统架构图

我们必须用智慧和坚持,让衡器重新焕发光彩,为中国衡器走入差异化、高端化、自动化、信息化、智能化的新时代而不懈奋斗。

＊　＊　＊

称重物联网再深入

经过两年多的探索,称重物联网已经成为公司发展战略的重要组成部分。从传感器走向物联网一直是柯力的发展愿景,称重物联网目前处于发展关键期,我们必须"力出一孔",确保称重物联网战略深入发展。

一、在客户关系上,不断执行并深入推进差异化策略

要下决心发展 10 家战略合作伙伴,对物联网子公司,以及设备安装量超过 200 台的客户,重点推进物联网终端用户市场价值的挖掘和大数据分析;重点改进 App 界面和用户权限等;重点发展长三角、珠三角、环渤海以及中西部地区四大物联网产业集聚区合作,协同对方进行衡器 MES、远程服务和维修系统、后台数据管理系统、微信平台的建设;重点研究产品生命周期。公司将提供服务器技术,帮助战略客户建设数据中心,协助客户生产出高端化、个性化和差异化的产品,促进合作伙伴的战略转型,帮助培训售后服务人员,协助管理后台数据,帮助培育软件人才,帮助拓宽市场营销团队的物联网思维,引导他们发现不同场景下的设备可优化设计方案,促使合作伙伴进行组织机构的变革,让其更适应物联网战略。

要逐步发展 100 家物联网紧密型合作伙伴,包括中小型衡器厂家、经销商和终端用户,因其工作侧重于某一项或某几项重点核心功能的开发,如防

作弊、数据准确化、智能化、数据信息化、在线检测、远程服务和数据分析等，合作伙伴关系的建立有助于体现物联网使用价值，集中资源帮助客户建立具有物联网特征的应用，以点带面，深入推广物联网。

要广泛联合1000家物联网设备厂家，包括观望中的大中型制造商和中小型经销商，让其感知"买柯力传感器，迈物联网时代"的品牌影响力，通过赠送运营费、软件、无人值守系统和供应链平台配件来实现传感器、仪表的积量返利，尽量控制常规传感器、仪表产品赠送额度，尤其要控制最常规产品的赠送量，尝试多赠送高端产品，尽力引导客户向衡器自动化、智能化和数据化的方向发展。这样既可促使客户产品的转型升级，又能促使公司产品的落地生根。这是公司的历史使命所在。

我们要通过巡回服务、软文推广和口碑营销，逐步使客户对物联网衡器产生认知，从被动接受推荐到主动询问，从只下单常规电子衡器产品到点名购买物联网衡器，最终实现物联网战略。

相信经过长时间的努力实践，市场会对物联网衡器有很好的认知，从而可不断深入推进物联网战略。

二、在市场营销策略上，不断深入实践物联网战略

首先，在产品上，建立传感器、仪表、软件、无人值守系统和物联网系统等不同产品的差异化方案，打造由这些差异化方案组成的物联网营销方案，让不同客户采用不同的方案向其终端用户推广产品，并且重新制作推广手册。到市场中去，讲明白物联网的应用价值，主动引导终端用户，推进终端应用物联网发展。

其次，在价格策略上，除了运用传感器、仪表常规产品积量返利的物联网产品政策外，还要让衡器厂商明确运营费不是向终端用户收取，尤其是在初期培育市场时，告诉衡器厂商收取运营费并不是目的，目的是变革市场、

产品、人力等机制,要在运营费收取、返回、再收取和再返回的过程中让产品走自动化、智能化、一体化和硬软件结合的道路,即走出价格竞争后劲不足的局面,走向虽然艰难但充满前景的物联网之路。

再次,在服务上,每次开展集中研讨会前都要走访2个以上终端用户,要紧抓新产品、大数据、价值点这三个主题;每月要服务4个以上地区,向客户传达公司物联网平台的内容和行业价值,倾听终端用户和制造厂商的声音,推广新产品,商讨物联网深入终端和市场的思路。

最后,在业务管理上,业务员要每周至少拜访1个客户,在物联网推广中,了解并听取客户的想法,每两周拜访1个终端用户,了解用户需求和产品的使用价值,汇总市场需求,并结合物联网会议进一步推进产品的更新换代和服务的完善,坚持不懈地深入执行物联网战略。

三、在产品研发上,不断适应物联网战略要求

在传感器研发上,重点完善多物理量传感器和无线低功耗传感器的开发。

在仪表开发上,开始D28仪表平台和简易型D38仪表的开发,增加远程升级、服务功能,建立防作弊系统,实现人机对话、图像合成。

在智能元件开发上,优化系统的差异化、人性化需求,完善公磅一体机扫码、微信支付和磅费分发的功能,完善称重软件的行业适应性和操作便捷性,提升动态车牌识别一体化系统,实现无人值守自动故障预判和预防监测。

在软件开发上,要开发人性化的精简版App,改善物联网报警系统,做到准确迅速,避免重报、漏报和不报,对软件开发人才提出中长期要求,提升其开发能力,缩短产品开发周期,降低开发成本,提高软件市场的核心竞争力。

在人工智能技术应用上,紧抓储备机器学习和知识发现的项目,运用人工神经网络技术进行知识自动处理;紧抓5G时代下与物联网数据、图像传输器相关的技术;紧抓人机对话、图像传输、人脸识别、指纹判断、自动故障

诊断等新技术的开发,将其运用于新产品上,按照 W2001 的开发思路,最终形成新的物联网产品体系。

四、在大数据分析上,不断深入体现物联网战略

在大数据收集上,要完善合作伙伴提供的含行业、设备、调试内容的基础数据和含服务、故障、使用的后台数据,要明确样本数量、定期维护和检定,要建立公司 MES 系统、ERP 系统、条形码基础数据采集器的关联,尤其是 ID 的唯一性和时钟的准确性。

在大数据传输上,结合大数据公司的筹建,招聘更专业的数据库管理、运行、维护人员,寻求数据库记录存在差异的原因,预防模式不符、丢包、死机、重复设置等问题发生,要从更高角度及更远目光看待数据库建设,为物联网的推广,建设数据库并完整数据链,从而为洞察小数据以发现大价值创造条件。

在数据清洗中,通过市场信息来筛选工业设备的特性,遵循大数据分析原理,寻找隐藏的数据,以小见大;去伪存真,寻找不同客户、不同场景、不同行业背后的价值。

在数据算法中,关注内码、零点变化,关注造成故障的原因,关注逻辑和

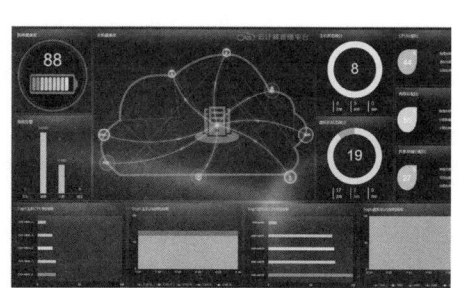

数据故障报警记录

计算。

在大数据应用中,从终端用户的数据准确性和制造商的服务在线化、发展战略化等需求出发,优化大数据分析内容,保障数据完整,寻找小数据和隐藏数据,真正体现大数据分析价值。"罗马不是一天建成的",初始阶段的爱彼迎(Airbnb)向旅客提供的服务不过是一张床垫和一顿午餐,其开发团队花费两年多的时间,才找到让旅客和房东都满意的房屋租赁办法。

称重物联网正在成长,我们必须集中资源、优化配置,重点突破核心需求点,坚持"压强原则",在客户怀疑、终端用户接受缓慢的现状中,坚定走硬软件结合和人、机、物融合的道路,让客户和终端用户真正理解物联网,让他们愿意将订单从电子衡器转向物联网衡器。

* * *

称重物联网再发展

目前，称重物联网正处于成长的关键点。但在推广称重物联网的过程中，许多客户强调终端用户的费用收取不上来。面对后续推广的困难，回顾两年多来的经营状况，我们有必要再梳理一下称重物联网发展的现状，总结经验教训，以调整称重物联网未来的发展思路。

一、从数量增加转变为质量提升

从目前物联网的运营情况看，每周有100多台仪表安装物联网设备，全年有5000多台物联网设备诞生，到今天，13000多台物联网设备在运营，产生了巨大的存量数据，在物联网推进过程中，我们应在现在的基础上，保持有序、有节奏地推广。

从客户端看，重点要提升战略合作伙伴的层级，加强双方合作的紧密性，关注产品生命周期并推广大数据分析。召开大数据分析专题会议，分析落地措施，进行股权合作，在战略上推进，让战略合作伙伴形成战略意识，而非单纯在产品上获利，通过物联网的桥梁功能调整双方合作战略。对于一般的合作伙伴，需要助其转变理念和调整思维，强调物联网是企业战略变革的重中之重。物联网运营费并不仅仅是终端用户的费用，而是整个衡器行业从衡器产品差异化、高端化、五化定制（防作弊、防爆、防雾、防腐、防水）走向自动衡器(包含无人值守系统和称重软件),再走向物联网衡器(数据准确、在线检测、大数据分析、产品优化),最后走向智能衡器(人机对话、图像合成、深度学习)所产生的综合性、长期性的收益。公司的物联网战略可促进行业发展,不是让客户换台仪表,而是促使客户从产品到服务,再到平台,最后到战略都发生变革。这要求公司业务员必须从销售产品转变为引导客户,从撒网式销售到满足客户定制需求,从收取运营费到帮客户提升运营管理水平。我们必须精心挑选合作伙伴,即深切领悟物联网战略,专心打造具有物联网功能的产品,有效引导客户进行组织机构调整,如使营销团队年轻化、制订激励政策和产品解决方案。我们要挖掘展现物联网衡器价值的案例,总结经验,专心服务,让客户得以长期发展,竭力帮助客户成长。我们要为客户提供各类平台,转变客户观念,改变客户对运营费的认识,让客户从自身转型升级中获益,我们要让客户从物联网中获得盈利,通过公司、客户合理分担运营费成本,减轻衡器企业的成本压力。我们要加大市场推广力度,推广物联网品牌终端计划,不着急追赶"量"的提升,而是重视"质"的提升。

二、从提供普通产品转变为解决需求

大众对物联网的认知有许多误区,有人认为物联网就是向终端用户收取运营费,有人认为一块仪表就是物联网,更有甚者,不对自身做调整就声称物联网无价值……这种表面化的理解体现了其对物联网的一无所知。任何新的产业革命都必须从思想出发,在组织上做出重大调整,牺牲眼前利益,变革管理,深入一线,才能获得成功。

如何解决问题?客户思路要变,作为企业则要进行企业变革。产品上,要做到差异化、高端化、硬软件结合、产品定制化,并提供解决方案、在线检测、远程服务和大数据分析等;人力资源上,引入软件开发人员、系统集成产

无人值守系统现场应用

品人员、"80 后"甚至"90 后"的营销人员和后台服务管理人员；市场营销策略上，提供差异化产品、推广手册和对市场所需的大数据进行引导、改善和总结，深入挖掘客户对称重数据的要求，制定营销方案。公司所有人员都必须明白，我们只能为愿意改变甚至只愿意部分改变的企业，提供产品、技术、管理和供应链平台，以及软件、无人值守系统和解决方案等，同时，提供运营费减免方案，以及现场服务、远程维护、后台服务和大数据分析服务，不惜以牺牲公司自身的利益为代价，与愿意合作、愿意转变且有能力转变的客户一起，让物联网真正成为企业发展的战略利器，为终端用户的需求提供核心解决方法。

三、从解决连接转变为价值再造

光有连接并不够，无法解决问题，最终我们还是必须解决连接后的价值再造。

首先，我们要提升公司综合发展能力，尤其要提高低端产品市场占有率，提升产品性价比，缩短交货期。这是我们盈利的基础，是物联网后续让利的根本，只有提高传统产品市场占有率，才有资格强调物联网发展。

其次，要强化终端用户需求解决方案供给侧改革，不管市场上的终端用户提出何种需求，我们都要以敏锐的洞察力和坚韧的奋斗精神去开发产品，满足客户需求，甚至要在新的需求下创造产品，提高称重准确性。同时，我们要将人工智能应用于仪表的人机对话、故障判断和自动修复，将 5G 技术应用于图像合成和分析；在数据收集分析上要自动、准确，要进一步开发无人值守自动故障诊断，对不停车检测系统自动故障预警进行分析，设计的 App 要简单快捷；开发多物理量传感器和自动监测智能衡器，并根据现场状况设计自动称重系统解决方案。

再次，必须"深淘滩、低作堰"，对客户起到引导作用，通过赠送包括软件、无人值守系统、高端产品、供应链平台等，将部分物联网运营费让利于客户；通过自身的综合产品线和边际利润，与客户共担运营成本；通过将常规产品让利于客户，来细心培育市场。从长期发展看，只有行业发展和客户转型，我们才能有基本的盈利。同时，我们要深入到一部分已经理解物联网、进入物联网并开始差异化定制产品的客户中去，赢得长期合作，尤其是不同行业、不同场景的客户，以获得利润增长点；从衡器到非衡器，从产品到服务，从设备到方案，在工业革命的浪潮中，公司不断向前发展。

最后，我们必须认识到，物联网战略具备长期性，需要一代又一代人的努力才能实现。

要形成物联网新模式必须具有物联网和互联网思维，必须要在终端市场中深入领悟需求，制定解决方案，转变传统的投资理念。若缺乏对物联网应用特定行业或场景的深刻洞见，容易形成沉没成本，必须要逐步解决数据的"低效""孤岛""浅层"和"断裂"问题，根据终端用户的真正需求制定方案，逐步创造行业的物联网价值。只有这样，才能更深入发展物联网战略。

* * *

不停车检测系统发展

柯力的工业物联网一部即不停车检测系统事业部，研发的不停车检测系是柯力未来三年营收的主要增长点。对公司乃至工业物联网来说，发展不停车检测系统事业部具有十分重要的意义。

一、全力以赴抓业务，促进不停车检测系统稳定、有序、可持续发展

首先，在信息渠道上，重点稳定并持续抓好宁波地区的业务，每年新建、改建五六个确保可获得订单数量在一千万以上的点，作为事业部业务的压舱石。同时抓好广东、湖南、江西、河南、广西等重点地区的业务，既要好好配合原来传统业务渠道的客户，又要向子公司或者衡器厂商、经销商提供全套产品。更为重要的是，面向全国乃至全球的现有客户，在计重收费政策取消的情况下，推进入口治超工作和国道、省道、桥隧系统的不停车检测系统业务，促进客户转型和业务变化，确保原以计重收费为主的国内外客户业务的稳定。

其次是做好信息的挖掘、开拓、跟踪和管理工作。尤其是在招投标中，通过跟踪走访，提高客户需求门槛，并且在招投标文件中展开陈述采购体系、技术优势等，根据资金回笼进度和供应链体系，确定招投标文件中售价、成本及利润空间，要对不可预见的隐形费用成本进行一定比例的预测，再确

定销售收入报价,结合对手的整体竞争策略进行灵活调整,无预付款或利润低的项目则应主动放弃。

再次是业务管理上必须严谨细致,每年制订全年销售规划及重点地区、重点客户开拓计划,每月对招投标、贷款等的业务流程进行梳理,每周周报中明确重点紧急事项的反馈机制和重要但不紧急事项的跟踪机制,运用微信群及周报,全面准确跟踪所有业务进度及思考困难的突破方法。

最后要强调业务创新,要建立人才梯队和人才储备机制;要每月形成两人谈话机制,倾听员工声音;要对维系老客户和开拓新客户的业务设置差异化的提成机制;要建立与北京万集科技股份有限公司、武汉中衡博然科技有限公司等竞争对手的合作伙伴关系;要为桥隧、防波堤等设计有创新特色的产品方案,每半年要更新一次推广方案;要参与全国性行业会议;要根据不停车检测系统业务的发展方向来考虑后续产品链的延伸和智慧交通业务产品的开发。

二、全心全意抓内部管理,激发不停车检测系统活力

在项目管理中,描绘包括项目进度、材料储备、人才管理、操作注意事项、公司资源等的全景图,并为天气变化、货款支付、交通异常等特殊情况做出预案。所有项目管理必须以进度及质量为核心,在确保安全的前提下,全心全意抓进度。

在成本控制上,应建立合格的供应商目录和备选供应商方案,制订每月供应商走访和来访计划,以及物料合作伙伴长期战略合作计划,并在内部建立物料收、发、存及工具管理制度,注意呆滞品和易耗品成本,建立预防和责任追溯机制;提供工地实际使用物料情况和余量说明,制作物料替代和品牌替代的清单,把公司现有的成熟有效的管理机制应用于不停车检测系统。重点测算销售费用、管理费用、商务费用,并形成集中化采购及驻点服务节

约化思路；重点控制油费、差旅费、商务费用开支,严格执行公司的差旅费管理制度,落实到每个人。

在预算管理上,注意管理前置合同、成本预测表、供应商核价单及材料收发存报表资料,尤其是供应商核价单,能自制尽量自制,而对于供应商,能战略合作尽量战略合作,尽力控制采用陌生品牌,尽力杜绝引入不稳定的新供应商。要形成体系化的雷达、摄像头、工控机、栏杆机、情报板、动态仪表、软件等物料的市场调研报告,务必寻找到性价比最佳的物料,为提高不停车检测系统的市场竞争力奠定成本基础。预算审批后,实际支付进度必须与项目进度表上的一致,以避免项目延误后的物料积存及资金压力,同时尽量向供应商争取优惠支付方式,减轻资金压力。

在项目实施后的管理上,每月对已经投入使用的不停车检测系统进行回访,了解终端用户的使用需求及未来的订单计划,同时推荐公司的新产品,维护好公司与终端用户的关系,学习竞争对手的长处,注意行业政策的变化。

三、全神贯注进行新产品研发,推进不停车检测系统的行业领先地位

在产品研发内容上,重点推进高速动态仪表、英文版产品、窄条传感器等新产品开发,重点研究在不同速度下动态载荷的精度及其长期的稳定性、可靠性,重点研讨预制式的窄条传感器安装板,将预制好的安装板直接吊放到现场来加快施工进度,同时将传感器、PE 穿线管、地感线圈用一次性胶水在预制混凝土板块上安装好,并进行整平。

在整个研发体系上,要求研发人员学习国外同行的先进技术工艺,将人工智能技术应用于不停车检测系统,还要求研发人员在系统安装时亲临现场,安装、调试并查看数据,通过观察现场情况和实际数据,来确定产品改进的细节。

宁波公路不停车治超系统1

宁波公路不停车治超系统2

在研发方向上，紧紧围绕精度和稳定性，加强高速动态仪表开发，使产品自成一体，朝着数字化、预制化、图像化、智能化的方向迈进。

四、全力投入物联网战略，创造不停车检测系统数据化的价值

在不停车检测系统的大数据分析中，首先要关注日通行量、月通行量的

状态,对每一次通行中出现超重、超长、超载、超速的汽车数量进行统计;其次,掌握超载汽车的通过时间、轴数、车型;再次,了解设备的维护情况;最后,明确超载汽车对路面的影响、后期路面维护和改造的方案。上述数据分析中包括车辆实时监测、超载车辆取证、设备维护分析、公路生命周期研究等。

公司物联网战略需不断适应大数据需求,主要解决传感器、仪表、情报板、卡口相机、平台接口、监控设备摄像头、爆闪灯、补光灯等中的问题,实现设备自动故障报警、自我检测、在线检测等智能化功能,同时运行软件自动在线检测和升级功能,提升系统的便捷性。

在公司投资策略中,围绕物联网,集中考量对不停车检测系统中仪表、软件等的投资。同时逐步了解在同等地质条件下路面破损下沉对道路建设的影响,要透彻分析超重区域对路面下沉及道路使用寿命的影响,并结合非超重车辆对道路的日常性损耗,深入研究道路使用寿命的临界点及养护工作的方案,使不停车检测系统物联网为道路建设起到预警作用,以便提前采取道路养护的措施,从而真正地实现不停车检测系统物联网,为道路使用与改造提供预防性解决方案,为道路新建、改建创造真正的价值。

* * *

促进宁波市人工智能高质量发展的建议

为推进宁波市建设"中国制造2025"试点示范城市，集聚人才，突破计划的关键点，建设宁波智造的人工智能发展高地，特提出促进宁波市人工智能高质量发展的建议。

一、人工智能建设的重要意义

1. 打破技术垄断，突破关键技术，占领智能高地

新经济本质上是工业经济向信息经济（数字经济）过渡。当前的信息生态正从桌面互联网生态、移动互联网生态向万物互联网生态，即"物端智能芯片+物端操作系统+物联网应用平台"加速演进。2020年，有超过200亿物端设备接入物联网，40%的数据将在物端存储与处理，基于物端计算的人工智能市场规模非常巨大。建立人工智能产业创新服务综合体，加强人工智能应用研究，协同推进工程应用技术和颠覆性技术创新是占领该行业高地的关键所在。

2. 完善产业体系，迈向价值链顶端，培育产业生态

宁波市是我国"中国制造2025"试点示范城市，家电、高端装备以及汽车制造等产业实力雄厚，但就处于该战略制高点的软件产业来说，仍存在部分劣势。

从产业技术层面来看,存在自主知识产权的核心技术和前瞻性领域的核心技术匮乏等问题。从细分领域现状来看,SaaS、PaaS、IaaS 三种新型服务模式的行业应用软件,发展相对薄弱;云服务与云计算等新兴产业发展缓慢;嵌入式软件智能化程度不高;缺少指导中小制造企业生产的公共技术服务平台。

人工智能产业的高质量发展有助于促进宁波人工智能产业上下游联动,形成完整产业链,突破产业发展瓶颈,提升人工智能产业创新能力,实现宁波制造业跨越式发展,培育出全国领先的人工智能产业生态。

3. 优化创新生态,激发集聚效应,探索模式创新

发展人工智能产业,发挥宁波民间资本充裕、民营经济活跃、对外合作交流频繁等优势,推动产业链、创新链上下游优势互补,发挥"1+1>2"的集聚效应。

二、具体目标

1. 不断提升核心技术创新能力

力争到 2021 年末,通过人工智能产业生态布局创新链,研制拥有自主路线的物端智能芯片、物端操作系统和物联网应用平台,率先形成全球领先的人、机、物融合智能产业生态链。建设一批创新中心及平台,包括省级高新技术研发中心和产业创新公共服务平台,引进高精尖人才团队,推动协同创新服务,承担各类创新项目。

2. 不断优化特色产业集群结构

到 2021 年末,努力实现产业集群主营业务收入 200 亿元以上,利税总额 30 亿元以上,科技型中小企业 150 家以上,人工智能产业研发投入占 GDP 比重超过 10%;产业研发投入、高新技术产业投资、高新技术产业增加值、高新技术企业数量、技术交易额等各项指标在 2018 年的基础上实现倍

增。带动宁波"一区多园"的制造业各细分领域产业集群基地建设，撬动全市制造业规模，预计可达2000亿元。

3. 日益完善创新服务综合体

加快推进人工智能产业创新服务综合体建设，利用科技服务业专项资金、民间资本、基金等，集中培育一批专业化、市场化的科技服务机构。到2021年末，形成2个全国性人工智能创新联盟，5个市级人工智能产业公共服务平台；集聚一批技术含量高的检测机构；整合一批创业孵化载体资源；推动一批科技金融服务企业建设，成立10个以上创业风险基金和产业投资基金，总投资不少于30亿元；推动并开展一批科技成果交易。

三、建设内容

1. 提升技术创新体系

依托宁波中国科学院信息技术应用研究院、宁波工业物联网特色产业园、中国科学院宁波工业技术研究院、浙江省机器人与智能装备技术重点实验室和甬江实验室等科研创新平台，围绕宁波优势产业转型升级、突破性的物端计算和物联网应用关键技术，推动人、机、物与智能产业链、创新链的深度融合，攻克前沿科技，转化有共性的关键技术。

建设人工智能创新中心（创新工厂），以协同开发跨行业融合性技术和商业应用为主要任务，联合攻关技术。通过设立企业研究院、企业技术中心、院士工作站、博士后工作站等科研平台，结合国家科技重大专项、宁波市"科技创新2025"重大专项，落实创新突破方向，加大研发投入，参与国家行业标准制定，提升科研机构原始创新、集成创新和引进消化吸收再创新的能力。

以"科技转化为生产力"为宗旨，打通科技成果工程化和产业化的"两个一公里"，建设全国第一个智能技术产业创新中试线及智能超算平台，配套一系列公共技术服务平台、区块链数据服务平台等,培育和孵化一大批具有自主知识产权和自主创新能力的科技型企业,促进宁波智能产业转型升级,为宁波市人、机、物融合智能产业创新及其上下游的可持续发展提供支持。

2. 优化"政产学研用"协同创新体系

按照"政策+产业+学校+科研+应用"建设模式,加快人、机、物融合智能产业创新,重点推动与人工智能产业密切相关的科研院的扩大建设及"产研"融合。同时,成立联合开发、优势互补、成果共享、风险共担的产业技术创新联盟,并新建2家全国性人、机、物融合智能产业技术创新联盟。

推动人工智能创新,联合中国科学院宁波工业技术研究院、宁波中国科学院信息技术应用研究院、宁波大学,及宁波市智能制造产业研究院等科研机构开展"产学研"合作,共建国家、省、市级重点实验室及共性技术等科研

柯力智能大厦(效果图)

平台,联合开展技术攻关,承担国家、省、市级重大产业化项目。

通过委托开发、联合研发等方式,联合上游高校院所和科技服务机构、下游应用企业共同组织实施一批人工智能的科技成果转化项目;推动企业与高校院所建立紧密的"产学研"合作关系,启动以企业为主体的协同专项计划,完善重大科技项目向企业倾斜的资源优先配置机制。

3. 强化公共创新服务体系

建设人工智能创新公共技术服务平台及人、机、物融合智能创新领域的公共技术服务平台。大力推广应用创新券,支持中小企业、创业团队、创客使用创新券购买公共技术服务,降低创新服务成本。

在宁波设立创新应用示范服务区,提供从实验研究、中试熟化到生产过程所需的超级计算平台、仪器设备、中试生产线等基础资源,为产业链中的中小企业、创业团队、创客提供一站式的服务。

4. 加快科技成果交易市场体系建设

充分利用宁波科技大市场线上线下融合、技术交易服务功能互补的全市统一技术交易平台,推动科研机构和重点企业的科技成果进入科技大市场。加快推进宁波人工智能创新国际技术转移中心建设,按照市场化、专业化、社会化的发展要求,重点引进和培育具有国际化背景的跨国技术转移服务机构。

5. 完善知识产权保护体系

建立及完善知识产权战略研究、知识产权运营、知识产权金融、知识产权评估等服务体系;推动新型科技中介机构发展,加快联合培育一批第三方的技术交易、咨询评估、研发设计等领域的重点科技中介机构。

6. 加强创新创业孵化体系建设

着力构建"创业苗圃＋孵化器＋加速器＋产业园"全产业链创新创业孵化体系,打造宁波市人、机、物融合智能创新创业资源的聚集区。

7. 创新科技金融服务体系建设

推动建设科技金融广场，加快引进天使投资、创业投资、投融资管理与担保、科技保险等各类科技金融服务机构，完善科技型企业成长全生命周期的科技金融服务体系。建立新兴产业创业投资引导基金，通过参股、跟投等方式，引导社会资本投向科技型企业。设立人工智能产业科技信贷风险池，联合担保机构、银行为相关科技型企业提供无抵押贷款、知识产权质押贷款，开展"股权+银行+贷款"等方式的"投贷联动"融资服务。

8. 构建产业创新生态体系

创新重大科技专项组织管理模式，建立更加灵活有效的科技项目实施机制，加快形成"企业出题、院所出智、协同破题"的协同创新机制；推进重大科技专项与重大产业、重大建设项目的联动，把重大科技专项与产业招商、科技招商、人才引进、政企应用等有机结合；完善重大科技专项决策机制，强化重大创新任务的顶层设计，科学决策产业创新发展的主攻方向和突破口，加快构建产业创新生态体系。开展人工智能创新产业发展院士专家行、专业技术人才培训、创新人才国际交流、应用示范单位交流等各项活动。

四、建议尽快出台促进宁波市人工智能高质量发展政策

1. 加快宁波人工智能人才队伍建设。支持本地高校、科研机构与企业联合培养人工智能人才，合作开设人工智能专业课程，设立研究所和实训基地。出台人工智能产业人才政策，成立宁波人工智能战略咨询委员会，开展咨询和研究工作。

2. 建议出台"宁波市公共数据管理办法"，实现公共数据规范采集和共享，制定公共数据资源开放清单，依法开放教育、医疗、养老等信息，形成人工智能应用场景，打造人工智能应用示范项目。

3. 支持人工智能产业发展，对科研合作的重点实验室，制定具体奖励方

法,给予一定的补贴。

4. 制定宁波"传统产业+人工智能"改造方案,建立传统产业人工智能改造应用示范模板,打造人工智能特色产业园区。

5. 设立人工智能专项基金,发挥中小企业融资担保基金和政府投资基金的作用,引导社会资本设立人工智能产业发展基金,培育一批人工智能领域的优良企业。

6. 在中国(宁波)智慧城市技术与应用产品博览会期间专门设立人工智能展馆和论坛,建议宁波市经济和信息化局或宁波市科学技术局尽快建立宁波人工智能企业信息库,进行实地调查研究,逐步了解人工智能在宁波的发展现状,制定促进宁波市人工智能高质量发展政策。

* * *

宁波北部数字经济产业带建设

作为浙江省、宁波市和江北区三级政府共同推进的"一号工程",数字经济将在区域经济发展和产业政策实施中发挥极为重要的作用。而江北区面临着城市工业二次开发和转型升级的巨大压力,但数字经济正是江北区工业经济发展的新方向,为宁波经济发展提供了机会。在这个重大历史背景下,我们务必要紧紧抓住时机,趁势发展,有所作为。

一、加强数字经济产业带的顶层设计

从江北区的经济现状来看,顶层设计定位要清晰,资源要集中,要聚焦于核心产业。从产业角度来看,装备制造业要向智能化方向发展,重点促进现有装备制造业实现装备服务化、智能化、差异化和信息化。

工业物联网产业是北部数字经济产业带的核心之一,发展重点是传感器、大数据、云计算、工业软件、物联网应用项目。通过培育、并购、精准招商、落实新经济政策,建设工业物联网特色产业园。在一到两年内,重点聚焦"二园二平台",即工业物联网特色产业园、5G产业园、北斗大数据平台和中国科学院计算技术研究所平台。重点发展传感器产业、5G产业、北斗大数据应用产业,建立大数据、工业软件、数字安全三大平台,建设好宁波市工业大数据市级平台、云计算第三方服务中心、宁波市软件产业园工业软件分园和宁波数据安全产业平台。在三到五年内，实现核心数字经济产业园中智能装备产业集聚，形成大数据、工业软件、云产业平台，并着手培育建立人工智能特色产业园区。

二、创新资源优化机制

首先引入市场化主体和第三方专门委托机制，通过调研深度了解市、区两级大中型企业对数字经济平台或第三方的资源供需能力，把市、区两级能够把握数字经济内涵的优秀企业家及企业资源引入北部数字经济产业带，发挥其市场化运营主体操作和实务的功能，有利于产业应用并发挥平台作用，充分融合政府部分职能与市场化主体资源，发挥"两手"作用，把市场化主体作为招商和招人的平台，优化招商，引入人才。同时发挥市场化主体的管理资源的作用，运用市场之手促进产业经济发展。

其次是招商要精准，从市外引入与数字经济相关联的各大平台和企业时，必须与宁波现有企业的需求和落地后的资源共享相结合，实现招商后资源与产业顶层设计相结合；必须要把招商资源与现有产业布局相结合，把招商优惠条件与数字经济产出的实际效果和企业效益相结合，把招商落地后的企业发展和本地企业的需求相结合。

再次是发挥市场化投资基金的作用，使政府将直接奖励转化为引导基金前期投入，后期产出，待有实际运营效果后，再考虑将国有资本保值后基金产生的多余收益作为对落户企业的项目奖励，以减轻财政的直接压力，对优化基金市场化运营起引导作用。

最后是将工业资源与数字经济发展紧密结合，要考虑生态、生活、生产的三"生"统一，加快推进城市工业区建设，引入房地产品牌企业，把商业地产的级差地租返还于数字经济产业带，把回收低产土地的价格补贴用来减免城市配套费用，实现数字经济产业带发展空间里的产业集聚及产城人融合。

三、发展数字经济产业带空间布局

第一,要重点规划分散式产业园区、众创空间、孵化器、高新区和电商园区等,优化布局,将各空间后续发展与数字经济产业带绑定。要尽快出台优势企业和优秀园区兼并、托管和租赁低产园区的政策,尤其是推进土地交易税收优惠政策和产出补贴政策的制定。

第二,要适当扩大工业厂房容积率,允许企业租赁、托管、出售,建造数字产业楼宇,并在离城市较远的工业区建设应用式智能工厂,建立飞地式数字经济产业园区,在北京、上海、广州、深圳着手建立飞地科研机构。

第三,要把数字经济研发、中试、检测和销售置于核心园区,将数字经济平台型企业和新经济企业置于核心园区,将智能制造车间和生产场地集中,进行工业园建设和飞地制造。

第四,要引入招商平台和企业,并尽可能市场化运营,要让市场化运营主体参与招商,了解企业需求,建立对接企业需求的项目信息库,参与企业招商的评判过程和招商企业的项目建设,优化招商效果,实现现有工业园和引入资源双方相互融合的产业布局。

数字产业化及产业数字化是数字经济发展的重要方向,也是宁波经济发展的方向。持续顶层设计,优化资源及空间布局,培育和引入数字人才,导入和壮大数字经济平台,推进企业与政府、招商平台互动,对接供需,发展数字经济产业园区,才能更好推进数字经济产业带发展。在全球经济数字化和信息化浪潮中,北部数字经济产业带将抢占新的工业革命先机,跃上新的台阶,引领宁波经济发展。

* * *

PART

3

企业战略
—— 构筑工业 4.0 级平台公司

物联网战略再深入

在新时期,我们必须深入物联网战略,即使历经艰难,不断受挫,也要坚定而灵活地执行策略,使企业的发展战略不断走向纵深。

一、从提供产品到成为行业引擎,公司要发挥衡器物联网平台作用

从目前衡器市场可以看出,我们首先必须要有性价比稳定的产品并保证及时交货,这是基本保障;其次是中低端产品遇到大中型客户时必须执行积量返利,将价格差距控制在 5%~15% 之间,保持价格竞争力;再次是要将积量返利与客户转型所需的产品、技术、供应链、管理四大平台相结合,赠送定制化、智能化产品;最后是公司提供全方位、全视角、全过程的物联网转型服务,既要为客户量身定制解决方案,又要为客户转型提供动力。

对于衡器物联网的发展,我们要着眼于整个行业,不在于一城一池的得失。我们是为了客户的发展,不仅要为客户的转型提供方案,还要为客户搭建向上的台阶。面对流言蜚语时,我们必须保持宽容的心态,客户终究能理解我们的一片苦心。因此在衡器物联网上,目前我们的核心工作是让客户明白物联网战略的变革意义和我们公司的作用,让公司各产品融入客户转型所需的资源中,让不同客户根据自己的实际情况找到适合自己发展的道

路,真正实现不是销售产品而是引导客户转型的物联网战略。

二、从点到线,公司要扎根行业提供解决方案

工业物联网发展到目前阶段,必须要落地,而落地则必须有行业解决方案,该解决方案的核心在于解决基本需求和终端用户"痛点"。传统销售中,产品的功能非常明确,而工业物联网销售的产品只有大致轮廓,如在线监测、数据分析等。从基本需求来看,要实现安全、环保、成本下降、效率及效益提升、服务便利,需将产品信息化、智能化融合;从行业来看,不同行业的"痛点"是不同的,如机床行业刀具的"痛点"为磨损率;建筑机械行业的"痛点"为安全性;计量器具行业的"痛点"为数据失效性;工程行业的"痛点"为服务机械性……不同行业的"痛点",必须深入市场才能发现。

从下一步的推进计划看,重点将工业物联网现有的行业,如衡器、建机、港机、起重机械等,推向市场,并拓展市场需求,反推研发不断深入,以适应市场需求。从点到线,逐步使工业与物联网结合,实现工业物联网的发展。同时要形成企业在物联网进程中对关键需求点的解决方案,如环保机械产生数据的准确性和有效性,智慧工地建设中物料的识别,图像合成技术在MES系统中的应用,从线到面,不断推进物联网落地。

在销售渠道中,除了终端用户外,还要关注软件公司、服务商、核心元件厂商,要建立良好广泛的沟通渠道,来获得工业物联网的大量需求信息。

在产品线上,要聚焦现有行业方案,建立行业方案形成和培育机制。在生产线和第三方服务上,如传感器、大数据、软件、云服务等领域,与客户进行合作,开发定制化的物联网产品,以此作为现有产品的延伸,为客户提供服务。

三、从提供产品到提供解决方案,公司要逐步变革研发体系

从传感器走向物联网,研发部门的组织体系的变革要适应战略发展要

求。从目前看,首先要明确研发部门必须按市场需求进行分类,如衡器元件、称重系统、非衡元件、工业物联网等部门。随着市场需求的明确和订单量的增加,工业物联网部门还可以再拆分,根据行业类型组建单独的部门,同时保留研发平台部门,如物联网软件、大数据、人工智能、云服务等部门,形成研发部门多纵多横的组织体系。

其次是加强研发投入,最近三年内适当下调利润考核指标,将下调利润投入到研发上。在装备上,联合专业计量机构,把重点放在实验室,完善并升级现有设备,建设新兴实验室,重点建设物联网大厦独立装备研发工作室,重点投入中试设备,包括不停车检测系统和无人值守系统等。在研发质量上,重点提升发明专利比例;对员工开展申报发明专利的要求的培训;提高实验室与国内外认证机构的合作质量,加快取得国家认证的速度;加速推进产品研发及与高校院所的合作,在"中国制造2025"的背景下,进行有深度和广度的产品合作,推进企业科技产品的研发;发展国家级研发中心,让研发中心尽快从省级研发平台上升为国家级企业技术中心。在人才引进与

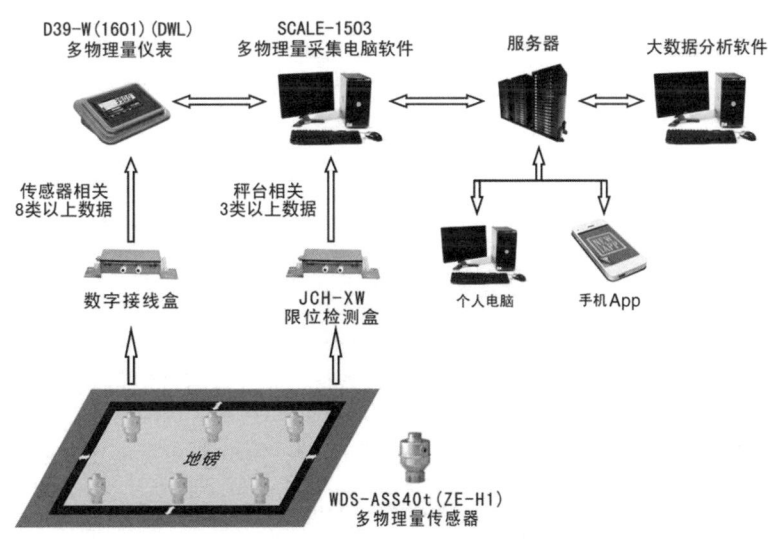

自动故障诊断汽车衡称重系统

体系建设上,重点引入大数据、硬软件等的开发人员和产品市场经理,重点完善激励政策,包括对发明专利、标准建设的奖励;重点关注研发人员创客化,建立股权激励政策;重点提高研发人员学历,多引入研究生等高层次人才;重点跟踪业务变化,改善各个工业物联网事业部的人才储备情况,开拓招聘通道;重点与中国科学院、腾讯等合作伙伴进行资源共享,充分挖掘自身潜力,对定制产品的合作方案进行有序探索。在研发与市场结合上,建立物联网价值线索发现机制,对员工进行培训和奖励,提高研发人员的制作能力和业务推广能力,建立软件定制开发周期和成本控制机制,建立物联网解决方案中与竞争对手有差别的核心竞争力内容,不断提升员工的工作能力。

四、资本运作从被动到主动,公司要保持积极、谨慎的投融资态度

从公司目前的资本投入来看,包括传感器供应链企业、铝合金传感器厂家等不同的集成公司,电量、气体、压力、流量、速度等不同物理量传感器合作伙伴,以及软件和大数据分析公司。

目前投资必须充分融合 IPO 与 IoT 两大工业战略,关注资本市场众多渠道,过滤无效信息,在坚守"投资三原则"的基础上,密切注意资本并购中的众多陷阱,小心巨大的商誉包袱。在资本运营中尽可能多管齐下,如技术市场合作、人才引进和自身培养,分步执行投资计划,以避免巨大的投资风险。同时坚持信息充分披露原则,以故事营销传播价值,坚决执行投资者的权责利对等原则,以可退出为前提,坚决执行分步投入原则。

从近几年物联网投资来看,要引入资源,加快物联网子公司的发展;要实施总经理团队能力提升计划,进行股份制改造;要实行目标考核倒逼机制,建立市场培育机制;要解决历史遗留问题,并对未来发展定位;要关注 IPO 之后现有产品资源资本化,将新的 IoT 项目与公司资源融合;要关注产业园区一两百家企业的投融资情况,并选择企业进行培育。从战术上看,必

须在有市场、有文化、有人才、有机制的前提下进行 IoT 投资。

目前物联网战略在进行深度变革，我们务必保持积极进取又谨慎务实的工作作风，储备人才并预备股权激励方案，开拓投资渠道，储存项目，搭建产业园区投资平台，从而推进物联网战略再深入。

* * *

柯力物联网发展战略

柯力物联网发展战略一直明确而坚定，即朝着国际一流物联网公司迈进。柯力必须有一个明确的物联网发展战略，并及时有效地传递给公众，这样柯力才能把所有资源和力量汇聚到促进物联网发展的道路上来，真正成为国际一流物联网公司。为此，我们要做到：

一、明确战略实现途径

首先，柯力之前是一个传统衡器称重元件生产企业，经过不懈努力，现已成为衡器行业的代表，并有诸多平台，包括导线、无人值守配件、打印机等供应链平台；传感器、仪表、软件等产品平台；多物理量、多分力、多认证、多量程、防作弊、多接口等技术平台；战略协同、培训学习、定制服务、区域保护等管理平台；以及为用户提供个性化、定制化、高端化、差异化、多品种、多品牌、多品位的需求平台。

其次，逐步推行称重物联网。联合物联网子公司和各衡器制造商，针对终端用户的不同需求建立不同的推广思路，紧紧抓住无人值守自动化、物联网智能化和数据及时性数据准确性等物联网优势来突破传统衡器的销售思路。同时加强后台数据管理，建设微信平台、提炼大数据分析价值、制造商产品软件开发和制造信息化协同等，共同促进衡器制造商逐步转型升级。

再次，打造四大物联网垂直产业链。在不停车检测系统中逐步挖掘后续多场景、多技术、多品种的大数据，重点对道路修建和新建、传感器选型、超载源头治理、在线车型检测等数据进行提炼；在港机物联网上逐步从软件改造走向在线升级，再走向数据链分析，逐步从港口设备走向各类交通运输装备，从单一称重功能走向多功能；在建机物联网上重点促成相关系统集成商、制造商、租赁商的合作，为塔机、施工升降机、干粉砂浆储料罐、运输车辆等提供物联网设备；在起重机械物联网上重点对在线检测安全使用频率、设备选型、多台联机控制、配件维保、整机故障分析等进行价值链提升。

最后，建设一个物联网产业园区平台。引入不同物联网企业，根据企业的需求进行多方面有效供给，让企业成长，让不成长的企业退出，构建物联网生态环境，让产业园区企业充分共享产业链资源，为企业提供不同成长时期的不同供给，一定要深入了解产业园区企业的真正需求，切实运用多种市场化手段帮助企业解决实际难题，抓住产业园区后续产出核心数据，分类、分层次地对不同企业进行激励、帮扶，并择机对有意向、成长快、资源互补型企业进行参股或者控股，从房东变股东，让产业园区优秀企业在柯力物联网战略土壤上生根发芽。

二、加快构筑战略发展持续增长的空间

在行业增长空间上，衡器行业的重点在于自动化和智能化，对于四大垂直产业链，重点在于协同设备制造商；对于产业园区中物流、医疗、环保、交通等行业，每月上门拜访，建立随时沟通机制，开好季度座谈会。在资源融合过程中抓住行业的"痛点"，运用双方力量开发物联网产品，把解决"痛点"作为双方市场空间增长的主要途径，更为双方紧密合作奠定基础。

在市场增长速度上，稳固国内衡器市场品牌地位，加速形成国际市场品牌，打造多元化产品，提供一站式服务，建设集成化供应链平台，加快四大垂

直产业链发展速度，加强新的行业机会捕捉，重视市场调研和市场观察，寻求内生增长和外延扩大的方法，开拓物联网战略。

在资本运营上，利用现有公司资源，在四大垂直产业链、传感器、子公司相关联产品上进行资本合作，重点和新三板企业、业内企业、园区企业等进行洽谈，为公司持续增长提供动力。

在平台链打造上，同中国工业设计研究院宁波分院进行工业设计的资源共享，在人才引进、人才培养、专利、业务、大数据分析、政府课题上推进中心发展；同宁波中国科学院信息技术应用研究院、上海积成能源科技有限公司等进行家电、衡器、能源等行业数据分析，并融合产业园区企业、宁波中小型企业、全国同行业企业进行物联网装备、大数据分析和混合云构建；同北京昆仑海岸传感技术有限公司、北京中传联盟营销策划有限公司进行线上线下传感器供应链平台打造；同国家、省、市检测机构和龙头企业合作，把公司的检测中心开放为第三方检测平台；同大专院校、科研机构进行共性技术、软件开发、产业经济研究、人才储备、学历提升等平台打造；同国内物联网专业研究院进行浙江分院、物联网实验室、物联网创新中心建设；同国内一流物联网公司共同成立浙江分公司，争取把国内一流的物联网公司先进的物联网运营经验转化为柯力在浙江的实践，也把柯力物联网垂直产业链在国内一流物联网公司平台上进行有效的推广。

在增长要素上，充分利用20层宁波柯力物联网大厦和安徽柯力35000多平方米的发展空间，积极准备新的物联网第二园区和城市客厅建设，筹建传感器、软件等分园，建设人才公寓和物联网大数据分析价值展示区域、行业物联网应用展示厅等，集中力量建设工业物联网企业在新材料、传感器、装备、大数据上的研发中心，扩展机加工、PC板制造等生产线，吸引一批传感器、软件等第三方协同企业，为物联网增长提供源源不断的延伸资源。

三、快速建成能保证物联网战略增长的管理系统

优化组织结构,即逐步建立人力资源、财务审计、战略投资管理中心,有条件地整合市场、研发中心,对垂直产业链按独立子公司或事业部运营,对平台链物联网业务原则上按参股或控股公司运营,形成全方位公司组织结构。

在人力资源上,重点引入或培养子公司或相关事业部的总经理、大数据分析及软件开发人才、管理中心总监和优秀的业务经理,并着手建设子公司总经理人才梯队、业务经理人才梯队、研发人才梯队这三大核心梯队;建设应届大学生和"产业班"人才储备体系,建设雇主品牌和股权激励机制,建设上市公司人才招聘、储备、培养、使用、竞争机制,一定要形成把人才作为资源而非成本的物联网战略体系。

在销售管理上,在人员新招和竞聘上岗时,有意识地引导和培养业务员,使其职业生涯向着广阔物联网战略平台前行,逐步发现并培养未来的销售经理或总监,同时深入客户关系,让公司的物联网战略成为行业成长和转型的战略,要求业务关系从供应商转变为客户企业战略变革的引领者,为行业和客户走向工业4.0提供有力支持,让物联网运营费用牵引和倒逼客户价值链挖掘,让物联网垂直产业链、平台链融合到全国、全球市场中,保证物联网战略增长。

在研发管理上,要确保研发费用投入不少于销售收入的百分之六,加快工业设计公司、大数据公司和研发中心的核心人员的招聘、培养,加强实验室建设,加快与著名科研院校合作的步伐,每年协同的市级科技项目不少于两项,申报国家级企业技术中心,加大原则性、前瞻性研发项目的积量返利和第一年提成比例,加强建设创客项目培育体系。

在运营管理上,形成数字化、自动化、智能化车间,率先确立物联网车间发展方向;形成机器换人和人均劳动生产率年增8%~10%的目标;形成

供应链战略和成本优化策略,从源头上控制成本,积极推进全面质量体系建设,把质量管理从成本转向效益保障上来。

在内控和财务管理上,努力实行有回款保障销售,使年坏账率控制在万分之五以内,实行董事会审计委员会决策机制,紧紧抓好财务数据源头真实性,落实投资和运营管理中不确定因素的预防措施。既要体现质量真实性和战略目标实施有效性,又要体现监管过程中的风险掌控,在整个审计过程中要做到防微杜渐。

"不忘初心、牢记使命"。战略目标已经确定,柯力已踏上物联网发展的征程,尽管前途坎坷,但柯力一定会坚定不移地向前方迈进!

* * *

物联网战略下的设备企业变革

因设备企业对物联网理解、执行均不到位,使物联网在设备企业中推广和变革有诸多阻力。对设备企业来说,物联网战略并不只是产品升级,而是一次脱胎换骨的革命。既然并非轻微改良,而是重大变革,那么必须对设备企业的管理提出新的思路。

一、主动引导市场需求,而非简单满足市场需求

目前的衡器市场中,可将设备分为简易物联网设备(配置为 D12-W+ 每年运营费)、标准物联网设备(配置为 D08-W+ 每年运营费)、中端物联网设备(配置为 D39-W+ 传感器 ZSW 系列 + 每年运营费)、高端物联网设备(配置为 D28-W+ 传感器 NDS 系列 + 每年运营费)、定制版物联网设备(配置为五大差异化无人值守系统 + 定制版称重软件)和智能版物联网设备(配置为带有角度及 AI 功能的传感器 ZS 系列、多物理量传感器、智能版的衡器、自动故障判断和纠错衡器 + 机器学习 + 图像合成 + 机器人的 5.0 版衡器)等。

俗话说,外行看热闹,内行看门道。设备企业不能仅满足于将常规硬件产品推销给客户,根据数量给予足够的优惠,使成本趋向最低化,更要抓住终端用户内心需求,将上述差异化产品主动呈现给客户,要努力做到所有衡器都可标配物联网。通过物联网,使原来仅在磅房中显示的数据呈现在终

端用户真正需要的地方,增长了产品链,从而使设备产生更大价值,硬件与软件结合,有形产品与无形需求结合,提高了核心竞争力,提升了利润。

二、改变营销策略,主动走向更高的营销境界

相对常规衡器的市场营销策略,物联网战略下的衡器市场营销策略发生了巨大变化,营销对象从设备使用层、采购管理层扩展到信息集成决策层,层次更高,决策内容也更广;营销产品从设备本身,扩展到数据销售,再扩展到及时准确的数据销售;营销需求从销售单一称重产品到成为客户 ERP、MES 系统信息化中的重要组成部分;营销场景从单一称重仪表显示到图像识别、音频识别、认知服务、远程维护、防作弊分析和智能诊断,提升 PI 在制造业应用场景的频率;营销目的从销售产品到在线检测、售后服务、反推设计优化和满足行业制造与应用场景差异化;营销思路从"一锤子买卖"转化为一辈子伴侣的战略服务;营销境界从售卖有形的产品升华到为客户提供满足其真正需求的解决方案。要向设备企业展示这一系列转变,通过引导设备企业转型升级,实现智能制造和服务。

在实际执行中,调整销售提成政策的同时,要建立营销物联网产品手册,在引入"90 后"新鲜血液同时,要培训老员工,让"70 后""80 后"的业务员明确物联网产品的营销策略。

三、重塑服务管理体系,真正呈现服务价值

设备企业应调整产品的商业模式。中低端产品或成熟产品要求销售量,以薄利多销来分摊固定成本,促进盈亏平衡点下移;高端产品或定制产品要求利润,使真正利润点隐藏于批量之中且不易被发现和模仿,实行产品差异化。在销售中,更要做到硬软件结合,做到准确、及时和便利等,以数据满足客户信息化需求,解决终端用户"痛点",激发新的需求。按照物联网

成都客户无人值守改造现场

战略,不急功近利,而是着眼未来,将售后服务、二次销售与设备升级改造结合,抓紧终端用户,将在线服务、远程服务和终身服务结合起来,在盈利模式中,追求细水长流。重视迭代式开发,充分挖掘终端用户的细节需求,尤其要加强后台数据管理,关注每台设备的状态,将设备状态和终端用户需求及时发送至终端市场,保障设备准确及时提供数据,建立微信客服平台,建立快速服务预案,给客户惊喜,提升其满意度。通过在线软件升级、远程服务运用,重点关注通信中断、密码异常、仪表外壳打开、绑定异常及错误、电子铅封打开异常、AD芯片死机、超载、电池电压异常、芯片异常等问题的远程处理,提升服务速度,帮助设备企业提升设备管理,减少服务费用,节省下来的费用可以冲抵运营费,再造物联网战略下的服务价值。

四、重视大数据分析,以大数据引领企业创新

衡器大数据分析,通过行业归类使客户了解行业营销趋势,通过了解设备实际使用载荷,反作用于不同行业的设备设计,如面板设计、梁的材料、尺寸选定和结构设计;通过掌握设备超载情况,实现传感器选型匹配;通过掌握设备使用频率和在线率,提高客户回购及共享设备的可行性;通过了解设

备故障情况,达到防作弊、防雷、防腐、防爆等效果,实现设备二次销售;通过掌握设备维保情况,实现远程服务,提高客户满意度;通过了解软件在线使用情况,达到软件需求改善,实现硬软件结合,体现物联网价值;通过掌握内码变化和参数变化,实现传感器和仪表预警;通过抓取基础数据和秤台变形数据,做到设备预警,确保设备应用正确性。

这些大数据分析的结果,前期,柯力采用手动报表的形式发给设备企业,后期,柯力让设备企业自动登录后台,查看状态数据,通过分析工具搜索所需数据,还可让客户查看自己所有设备上个月的大数据分析结果。从设备企业角度来说,设备企业可节省设计优化的成本,通过监测设备在线状态以提升服务,分析客户设备状态并共享设备资源,进行设备预警且确保终端用户利益;从行业角度来看,可有助于设备选型,确定行业营销方向等。

大数据分析源于市场,归于市场,要不断去伪存真,形成数据模型,抓住市场"痛点",不断进行迭代式开发,从而促使设备企业转型。

五、开放包容,形成行业生态系统

数据分为两部分,其中称重数据属于终端用户,存储于终端用户处,其隐私和安全格外重要,设备企业和柯力没有必要也不需要将其信息化或使用于数据云。设备状态数据才是物联网真正的需求,它为终端用户的设备服务,保证设备运行正常化、智能化,使称重数据呈现始终准确及时。让终端用户明确物联网真正含义,减轻终端用户的顾虑。

决定客户生存发展的,不是柯力,而是在同一起点下,为应对市场需求和物联网发展,设备企业进行变革的速度。要让客户理解,柯力物联网并非其竞争对手,更不与设备企业争夺市场份额。相反,柯力为所有设备企业提供物联网产品、无人值守软件、MES系统等,以及积量返利和运营费折扣、四大平台、非衡物联网等,目标是促进设备企业不断转型升级,做行业的奠基石,为行业发展提供平台。有长远目光、有变革决心、有强执行力、有清晰定位的客户,柯力愿与之携手,一同前进。

在物联网生态系统形成过程中,要做到产品标配物联网、大数据协同分析、明确后台数据和建立终端用户微信平台等,除了有一群战略合作伙伴,我们还必须进行组织结构调整,重视人力资源培养,提升销售团队业绩,吸引软件人才,开拓非衡物联网,充分利用柯力资源,提高服务创造价值的能力。要具备从提供硬件产品转型为真正为终端市场数据服务的决心,为把IT 与 OT 结合为 IoT 而努力。

柯力期待以开放包容的精神吸引更多设备企业加入物联网,以技术进步和制度完善促进设备企业走向物联网,以常规产品、无人值守系统、软件、公磅一体机、中高端定制产品的保护和优惠政策,给予走向物联网生态系统的客户持续支持,以不断下降运营费、让利于市场和客户,引领物联网合作伙伴不断转型,以终端市场需求培育和推广,倒逼行业转型升级,促使整个行业逐步从想法走向行动。

衡器物联网是中国衡器行业从电子衡器走向自动衡器后必然会出现的新战略,时不我待,充分布局设备企业资源,充分运用行业平台,充分挖掘终端用户需求,请所有行业人员明确前进方向,坚信未来、自我革命、不断扬弃,携手走向物联网的春天!

* * *

物联网策略调整

2018年4月,在武汉举行的中国国际衡器展览会和武汉大学柯力物联网产业研究中心的揭牌仪式,标志着柯力物联网战略迈向了新的阶段。物联网市场推广将更注重实践,行业发展将更体现自动化与智能化的结合,大数据分析将由点到面逐步展开,非衡物联网将更融合市场需求,柯力物联网战略纵深发展时代来临。

一、衡器物联网战役打响

物联网子公司要逐步推广大数据分析,将通过大数据分析获得的相关行业设备的软件分析、在线升级、设备使用频率、设备在线率等结论逐渐应用于管理实战中;将信息化ERP接口协议、多物理量智能衡器设备协同开发系统、MES衡器生产制造的信息化数字车间管理系统应用于各子公司的战略变革中,并协同总公司开展高端衡器制造、设备及传感器生命周期研究样本的选型等工作,让物联网战略向纵深发展。对于战略合作伙伴型客户,要确保其样本代表性和源头数据正确性,促使他们挖掘大数据分析和物联网的价值,如使用防作弊的后台管理系统、建设终端市场微信平台、协同开发终端市场信息化的软件等。给予衡器大客户后台数据管理及运营费折扣,提供差异化选择,突出高端化产品,开展远程服务,使得大客户既能服务终端用户，保护自身市场，又可节约服务成本，与柯力分摊运营成本，并共享无形价值。对于经销商客户，重点体现和保护其区域性市场和终端产品，并帮助其确认产品特性的唯一性，为其提升终端用户需求点的产品的市场竞争力。需要说明的是，现阶段物联网推广重心要从量的增加转化为质的提升，呈现终端市场的实质性价值，对研发和管理团队解决实际需求问题的典型案例进行推广，挖掘潜在需求，要由点到面，由案例到应用，由体验到解决客户"痛点"，每个推广步骤都要围绕物联网价值呈现来展开。要让客户知道，运营费不是为了收费而收费，而是为了实现衡器制造商转型。终端收费困难则说明真正的物联网机制还没有体现，取消收费反而会削弱物联网价值，降低物联网发展动力，减弱物联网开发后劲，严重违背物联网的真正价值取向。超过一定量后，我们可以逐步调整和降低成本，但是必须收取一定额度的物联网运营费，这样才能和客户一起，进一步创造价值，逐步实现物联网推广。

实现衡器产品的自动化和智能化对接，我们要逐步推广无人值守系统和软件一体化，实行设备无人化，也可以将无人值守系统、软件和物联网三者结合起来推广。总之，要把数据从磅房扩展到终端用户真正需要的地方，通过自动化、智能化实现数据实时、准确、无人操作等特性，延伸自动汇总统计、自动故障判断、支付结算等数据链，结合大数据分析，将硬软件结合效用发挥到极致。

在实际的市场运营中，要将D28仪表定位为衡器自动化、物联网化和硬软件一体化的标志性产品，重点突出USB及外部设备接口和GPS定位功能，重点推动无人值守系统，鼓励用户将之定位为衡器不可分割的组成部分，实施物联网使用费用区域性的保护政策，做好分步骤推广、结项、中试和应用，做好报价、促销、分销和市场推广。

2018年中国国际衡器展览会上的柯力展台

二、加强软件开发和应用

在人才培养上,逐步明确软件产品经理培养方案,确定售后服务培训计划,关注软件部门技术支持人员的招聘和培养,同时加快引进各类软件开发人员,细化现有软件开发人员的激励政策。协同大数据公司和产业园区企业、服务外包的第三方公司一起进行软件产品开发,形成具有战略排他性、协同性的软件开发服务外包式合作方案;成立多个有行业性、方向性、代表性的经典软件解决方案的小组,重点开拓一卡通、公磅一体机、多台联机及标准型、行业定制版、高级版、个性版等多层次软件体系,开发应用于物流、医疗等多领域专用软件,塑造柯力的软件品牌。

深耕无人值守系统。在技术上,改善硬件,如用红外光栅取代地感线圈;在产品创新上,完善一卡通,将刷卡、扫码、打印三者结合起来;在出货管理上,规划订单独立操作流程,建立一竿子清扫签单体系;优化成本,形成有竞争力的产品;在中试上,继续深化无人值守场地建设;在服务上,规定巡回服务必备内容和标准化操作清单；在销售策略上，量化无人值守的销售额度并逐步调整硬软件价格；在战略发展上，把无人值守系统建设提升到与传感器、仪表同等重要的地位，并适时组建无人值守一体机部门，形成详尽的推广资料、产品案例，把无人值守系统和软件共同打造成衡器的核心组成部分。

三、将共享公磅一体机打造成新的业务增长点

要完善公磅一体化，在产品上，要解决开闭门检测和停车偏离检测的问题；在设计上，要增加广告投入和 App 上的产品推广植入；在软件上，要注意根据终端用户使用习惯改进 UI 界面，自动弹出软件著作权授权书；在外观上，要优化设计，注重外壳美观；在成本上，注意性价比和差异化；在合作伙伴上，重点在广东、广西、湖南、河南、新疆等地选择重点合作伙伴；在商业模式上，采取销售和物联网运营服务、租赁和物联网运营服务、设备免费和物联网运营服务这三大模式，并建立可全国量产的生产组装基地和服务中心，同时强化物联网价值体现于共享公磅一体机的理念，大力推广共享设备商业模式与一体机发展模式，开发适应性强的软件，强化支付功能，培养专职的公磅一体机产品经理，培育专属的业务经理。

四、继续深化工业物联网发展体系

首先要寻求新的商业模式。比如在渣土车辆保险理赔机制上，保险公司对物联网会有需求，可运用物联网称重子系统、定位子系统、疲劳驾驶监管子系统和数据链监管子系统，降低车辆事故发生率，还可通过物联网技术来降低理赔费用。这既运用了物联网商业模式，又降低了保险公司的理赔风险，也降低了车辆运营公司经营风险，形成全赢的合作模式。比如安全监控中，对危化品运输车辆采用源头监管、生产现场在线检测、运输途中定位

等措施,可实现安全生产运输。此类商业模式还有很多,有待发掘。

其次是深入推广不停车检测系统,要重点解决窄条传感器控制和出厂检定方调整中存在的问题,完成宁波中试基地建设,申请动态仪表开发许可证,落实合作,确定国内销售团队的销售政策,推出英文版的动态仪表,邀请国内外客户参观基地,集中精力开发站点信息库和系统联网软件,按年度规划落实湖南子公司的50多套不停车检测系统的前期生产,确保合同签订,准备产品安装、调试和验收的预案。工业物联网一部要分别定位配件商和集成商,拓展从事交通建设类、高速公路超限超载类和有意愿从传统衡器转型类的三大类客户,抢占更大的市场份额。

再次是规划各大事业部的发展方向,激发斗志。如元件集成开发部要对叉车液压式的称重系统进行物联网改装,改善仪表性能;仪表开发部要继续完善 XK3101-W、T1-W 仪表功能;工业物联网三部要深入研究物流、医疗、机械等行业,确定后续重点发展的产品,思考抢占市场的办法;工业物联网二部要加速完成干粉砂浆储料料罐信息化,并将其尽快融入数字化工地建设。

最后要进军国际物联网市场。通过与现有客户的沟通,国贸公司业务员要明确有可能合作的伙伴。我们的业务员既要能理解物联网,又要有一定的研发能力;既要有服务资源,又要有战略转型意识。找对合作伙伴后,再为对方解决具体的产品问题,小到选择当地运营商还是国际运营商,大到与租赁服务器客户在软件上的合作,当然,还要为使用柯力服务器的客户解决安全和速度问题。产品问题具体解决方案落地后,国贸公司业务员的关注重点要转向后台数据管理与运用、大数据分析、防作弊检测等问题上。与重点合作伙伴沟通后,发现物联网推进中的问题,业务员出国访问计划、客户来访计划,都要与这些具体问题衔接,以此启动首家物联网商城产品的使用。

随着坚定不移地推进各项物联网战略，在 2019 年上海举办的中国国际衡器展览会上，柯力呈现了能更好落地的工业物联网应用、传感器供应链平台、高端非标称重传感器及仪表、衡器供应链平台，还展示了已经有效应用于市场的 D28 仪表、无人值守系统、软件等多种产品，更展现了智能设备和大数据应用价值。我们要把每一次展会后的总结作为推进公司物联网战略的起点，要把每一次展会的呈现当作公司物联网战略进步的台阶，坚韧不拔地攀登物联网高峰，只问耕耘，不问收获，相信必将水到渠成。

＊　＊　＊

市场策略调整

在目前市场竞争越发激烈的前提下,我们必须对市场策略进行调整。

一、执行差异化策略

通过材料甄选、品牌甄选、供应商选择、扩产自制材料、上市公司品牌树立、供应链开拓和重塑、供应链企业并购重组等手段,控制原辅材料成本。同时在三大物料、非 BOM 材料和各部门成本控制基础上,下降工时,来抵抗人工成本降低和社保费上升所带来的影响,从而避免因产品价格下降和人力刚性成本上升,给总体利润带来的不利影响。

在产品差异化中,需要通过提质的方法来避免价格下降的影响。对一部分更关注产品质量的客户来讲,通过改变产品,使用更为准确的工艺,确保更为稳定的品质,提供表面处理、线头处理等差异化内容,建立起老产品的新质量体系,以冲抵客户的降价要求,让不同客户有更多的选择,可提升柯力品牌的核心质量价值,从而满足市场中差异化要求,为公司利润稳定奠定了基础。

二、执行高端化和智能化策略

对公司现有的高端产品进行全面梳理,开展业务总结,执行走访客户巡

2019年中国国际衡器展览会现场客户交流

回服务计划,倾听市场需求,提高产品的质量。根据市场需求总结,进一步运用新材料、新工艺、新技术提升中高端产品,加快拓宽新型模式高端传感器、非衡行业的高精度和表面处理工艺提升的传感器的应用范围,探索出拥有高精度、高质量和高水平外观处理技术的产品之路。学习国外先进公司的工艺,进一步提升高端化产品的市场竞争力,创立高端品质工艺创新基金,编写高端传感器、仪表开发技术手册,重点在传感器的防爆等级、低成本 AI 功能、偏载性能、软件补偿技术和高端表面处理技术等领域下功夫。重点开发与数字窄条传感器相呼应的高速动态仪表、低功耗无线传感器、D38 仪表等。

在产品策略中,业务团队对高端产品的报价必须统一,除非按销售协议规定,按量给予折扣,适当保持价格弹性;国内外贸易中,每个业务员都要落实前五位客户差异化的销售策略,推进高端产品深入市场,确保高端产品在国际认证、防爆认证、CE 认证、防水认证、防雷认证等方面证书齐全,落实高端产品在招投标文件中的品牌差异化,设立招投标文件的门槛,落实高端产品合理存量以满足交货需求,落实高端产品的智能化,如采用人机对话、图像合成、包装设计、自动故障判断等；落实高端化、智能化的产品的市场推广计划。

三、执行产品信息化和软件推广策略

工业物联网部要单独组建无人值守系统、一卡通物料管理系统部门，将其作为称重物联网具体落地的载体。称重物联网要深入发展，物联网衡器价值要体现，首先要解决衡器自动化和信息化问题。单独组建部门的业务员通过招投标，重点在大中型企业含物流、化工、建材、冶金等行业，进行软件接口、物联网等改建。在业务前端，需制定信息化方案、软件产品的差异化目录及其他定制化、个性化方案，按照客户不同的需求，设计并匹配不同方案；在业务中，注意软件开发成本和周期；在安装调试中，准备预案，强化对应流程；在业务总结中，对不同硬软件组合状况进行反馈，以便后期对终端用户物联网进行远程维护和开展二次销售。

公司将梳理所有项目的实施效果，检查无法适应客户需求的短板，提供解决不同需求的方案，快速形成品牌特色，抓紧研发人脸识别、人机对话、机器学习等人工智能技术，并应用于无人值守系统、一卡通物料管理系统中，满足场景化的需求。在日常业务中，要按照招投标要求不断完善产品解决方案技术，不断深入技术开发，促使市场与产品形成良性循环。

四、执行产品数字化和方案化策略

从产品走向方案，是行业的必然选择。要收集不同行业的物联网自动化解决方案，并总结形成电子或纸质材料的样本手册，做到图文并茂、切实可行，向行业所有客户推广，尤其是非衡客户。

要建议客户转型，并在物联网落地中予以引导，向客户提供针对年轻业务团队的培训方案，帮助他们设计激励方案，培养技术人员，讲习制作软件开发方案，挖掘终端用户需求，商讨解决机制。要把目前较为成熟的不停车检测系统、港机集装箱计量系统、环保仓库管理系统、智能货柜物流系统等物联网方案不断推向客户，还要把行业内的好案例对外介绍或者进行开发，更要建设行业的各大技术平台的储备方案，如高速动态、低功耗无线、大数据、多物理量传感器等，要善于将各类技术平台与各种项目充分结合，来快速实现后期方案的制定并有效缓解巨大的研发成本压力。要形成不同物联网行业解决方案的市场森林，每一个行业解决方案，都要从小树苗开始培育，并在自动化、信息化、智能化的土壤中注入人工智能、通信技术、传感技术等不同平台的养料，等待它一步步长成参天大树，并形成物联网行业解决方案的森林。

* * *

IPO 后发展战略

作为上市公司,面对众多的市场挑战和广大股民的期望,我们深感任重道远。IPO 是企业的重要时刻,也是一个新的起点。各项工作必须在阳光合规的前提下,砥砺推进。

2019年8月6日柯力传感(603662)在上海证券交易所挂牌上市

一、实施一项重大人才工程

在人力战略上,必须明确人才是第一要素,人才工程必须登高望远,整个布局上须全面提升公司人才团队层次,发展招聘战略,建立中高层管理短板人员招聘清单和研发物联网人工智能人才团队名单,提升招聘渠道层次,开展IPO雇主品牌建设。

在人才培养上,建立985、211大学储备人员和内部竞聘上岗季度计划,建立管理人才梯队和研发人员金字塔结构的补缺机制,注重内培与外招相结合、通才与专才相结合,注意基础研究平台人才与应用人才的薪酬机制和成果研发激励制度的差异化,树立人力资源干部的观念,把人才开发培养当作首要工作。增加年度KPI中人才开发培养的比重,增加人才培养实际效果评估和开发方法的培训,建立人才开发奖励体制,建立人才"储水池",并不断加深、加宽,设立管理人员、研发人员和业务人员的专项学习基金,建立研发人员专项福利政策。

在薪酬与考核机制上,必须尽可能使个人收入与公司整体绩效挂钩,并且确保奋斗的员工每年奖金收入有6%以上的增长,同时实施差异化增长策略,分为9%、12%、18%三档,其增长的三到五成来源于公司整体业绩,其余五到七成来源于部门绩效。在考核体系中既要关注企业文化中求实创新、服务员工、成就客户的理念,又要落实严谨进取、人才优先、业绩为重的导向。

在IPO人才机制上,必须重视老股东提升和培育责任,重视新生核心人员的股权激励和期权激励政策,重视集团内人才共享原则。

二、发展两条产品主线

一条是以元件为主,包括称重传感器上下游产业的贯通,如应变计、附件等,还包括传感器本身的高端化(如海外市场品牌)、延伸性(如铝合金)、高精度等,以及压力、扭矩传感器,还有工控、测力仪表的发展。同时引入电量、生物、气体、气敏、位移等传感器,运用综合的资源平台和规范的治理结构,把力学传感器发展中的思路、办法和资源移植到其他传感器的深度经营管理中,充分发挥新的传感器公司或事业部的优势,共同发展包括传感器、仪表、软件、无人值守系统等在内的元件产品线。

另一条以细分市场中垂直产业为基础,以设备生产、租赁或集成为框架,辅以传感器、通信技术、云服务、大数据等多个平台,深入不同行业的细分市场中,对港口机械、建筑机械、物流设备、智能货柜、医疗器械等进行"物联网+"改建,并挖掘设备自身数据和设备状态数据,逐步走向工业物联网。

在整个垂直产业物联网的市场发展中,必须进行系统能力创新来保证产品总成本领先;必须围绕客户价值创新;必须执行先自动化后信息化再智能化最后集成化的步骤;必须进行供应链管理营销流程再造;必须进行价值链多个角色的转化;必须树立先做大蛋糕再合理分配利润的平衡机制;必须先投入后产出,坚韧不拔走向物联网战略,规模分摊成本,结构产生利润,善于从战略中发现机会并走向纵向需求、横向平台、综合成本、回归效益的发展思路。

三、构建好产品及技术、供应链、产业园区三大平台

首先构建产品平台,包括低功耗近远距离无线传输系统、不同接口通信技术仪表、利用云计算技术的车牌识别系统、不停车检测系统、一卡通物料管理系统、高速动态仪表、窄条传感器、无人值守系统、多种行业称重管理系统、公磅一体机等,还有各类技术平台,如 AI 检测、人机对话、人脸识别、图像合成、防爆、防水、防腐、防鼠咬、防雷、自动故障判别、大数据分析、UI 设计、远程维护、在线升级、角度补偿、机械手深孔贴片等。一定要注意公司新产品开发等平台技术应用共享,并将平台技术应用导入竞争机制,建立对平台技术应用开发和基础前瞻性研究的激励机制。

其次是供应链平台打造,要关注导线材料的采购方式和供应商再开拓,关注从外购到自制,如机柜、控制箱,要为供应链产品的战略合作伙伴寻找

供应平台，提供新的价值，要周期性研究供应链平台成长轨道，并实地走访供应商以寻求机会，包括寻找投资机会。

最后，在产业园区平台上，重点培育出规上企业和高新技术企业，最好的招商是内部企业培育，最佳的效果是公司与园区企业合资合作，加快大平台大项目引入，完善园区企业动态需求跟踪体系，加大产业链、订单链、平台链三链建设。园区产出是无法用利润来衡量的，必须暂时放弃眼前的利益，从生态环境打造角度从长计议，要有物联网产业战略定力，提升服务质量，构建质量体系，打造产业园区品牌和产业综合体，敏锐地抓住物联网产品、技术，与平台、行业、企业进行深度合作，相信机遇只留给有准备的企业。

四、重点做好合规持续增长、股权激励、研发快增及体系改革

坚守内控是管理的基石，对应收款的管理坚守信用额度及合同两大原则，执行源头预防、杜绝非标、合理存量的存货管控方法，严格执行证监会要求，做好信息披露、4R 关系管理、募投资金管理、三会治理等。同时对制造型子公司、独立事业部、独立供应链产品、物联网子公司进行实股＋资金支持＋期权激励，鼓励子公司两条主线产品的管理者由相对年轻的管理人员担任。

我们要时刻关注研发投入快增，把研发中心建设成基础前瞻性研究（人工智能、大数据、物联网）和应用落地部门（衡器元件、自控元件、测力控制元件、不停车检测系统、一卡通物料管理系统等），新增图像合成、UI 设计、动态算法、大数据分析等一大批研发人才，完善独立工作室和展示室，完善平台激励政策和基础前瞻性研究人才的薪酬体系，加强与大专院校科研机构的合作，加大研发与实验设备投入，探索研发竞争机制和公司研发资源共享机制，梳理研发工艺人员补贴和专项学习基金，明确研发大投入、大发展、大格局的战略思路。

在投资领域上，朝着两条主线方向发展，组建投资基金公司，狠抓信息

渠道开拓,坚持投资原则,做好投资基础工作,包括市场分析、人力储备、风控、板块研究、股权激励、尽职调查、投后管理等,争取形成"信息一批、谈判一批、尽调一个、合同一个、实施几个"的可持续稳定的投资体系。

上市的真正目标应确保 ROE(净资产收益率)和 IRR(内部收益率)持续上升,我们必须在稳定传感器、仪表毛利率和子公司利润的基础上,落实货币型理财收入和资产型租赁收入的稳定增长。把控投资项目的收益风险,狠抓工业物联网一部、二部、三部、四部、五部及未来各新部门的营收增长,确保新的利润增长点,形成多点汇聚一点,才可有效、持续实现利润三年倍增。居安思危,为未来三年发展提前进行研发、投资、渠道建设和资源优化等战略布局。默默耕耘,不问收获,脚踏实地,仰望星空,抓住机遇,努力奋斗,体现上市的真正意义,对行业做出更大贡献。

* * *

物联网投资策略

随着物联网发展不断深入,企业发展既要扎实推进基础经营,又要充分利用资本、产业园区和物联网三大平台进行资源整合。与传统的实体经营思路不同,物联网发展既是战略,又是对物联网生态系统的打造,因此需要更新颖的投资策略。

一、坚守投资原则,明确投资方向

要明确物联网投资原则。从产业看,必须在工业物联网范围内;从文化融合角度看,必须认同物联网发展方向,坚持成就客户、服务员工的企业文化;从人力资源价值观看,必须认同严谨、进取、创新和宽容的思维方式;从市场容量和发展前景看,必须有大量的潜在市场需求,已有订单产出。只有符合上述条件,在产业符合、文化融合、三观一致和市场容置的前提下,我们才能做出投资决策。

在投资方向上,首先要充分考虑多物理量传感器。作为工业物联网底层的感知系统,选择传感器就是选择物联网的基础,同时利用现有的传感器销售、制造等体系进行有力嫁接,组建以公司董事长为子公司董事长的决策机制和资源协同执行体系,充分利用公司原先的综合资源和瓶颈突破方法,全面提升产品性价比,扩大市场占有率,对少数股东和经营层建立股权激励

工业物联网再出发

余姚市银环流量仪表有限公司

机制，建造股票池，让投资公司少数股东和核心人员充分融合责权利，促使公司成为未来传感器行业的集大成者。

其次，要成为垂直行业物联网集成商，无论是在衡器、港机、建机、公路超限超载装备等领域，还是在医疗、环保、物流、安防、计量等行业，公司未来都要提供物联网式的解决方案。不管是一级市场还是二级市场，公司都应当成为垂直行业物联网硬软件提供商，成为垂直行业物联网集成商，成为垂直行业物联网投资商。

再次，要搭建物联网平台，与工业软件、大数据、云计算、人工智能技术、产品、芯片和模块等企业合作。作为与传感器平行的产品线，这是物联网构建的平台层，是深入物联网体系的探头，是物联网战略不断向前迈进的推动力，是物联网披荆斩棘的利器，是物联网战略的盾构机。

最后，要打造真正具有物联网价值的公司，从用数据描述工业生产线、企业经营活动走向用数据预测设备、车间和整个企业未来的状态，最终达到用数据分析结果，绕过人工干预，直接自动指导企业运作，形成智能化数据的闭环，真正实现物联网投资战略。物联网投资战略的终极方向是通过数字世界计算、分析、预测和优化，来指导物理世界最优化运营，使物理世界在数字世界中重现,最终形成"数字双胞胎"企业。

二、加强投资市值管理,发挥资本市场价值

在资本市场上,以产融整合为导向、以实现公司价值最大化和股东财富最大化为目标的一整套方法,我们称之为企业的市值管理。通过商业模式创新、优化公司治理结构等价值创造手段让企业内在价值最大化,再通过投资者、媒体将内在价值清晰地传递给资本市场,内在价值被资本市场低估或者高估时,要使用并购重组、再融资、增减持和套期保值等价值经营工具,让市场价值和内在价值匹配。市值是上市公司的实力杠杆,其高低决定融资成本,也是企业投资能力的标志,更是经营层业绩的展现。从卖硬件到卖方案,从卖产品到卖平台,从卖生产到卖服务,作为一个从传感器走向物联网的上市公司,我们既要优化和整合价值链,又要优化业务结构。确定物联网战略后,在夯实传感器产业的基础上,不断加大垂直行业层、物联网技术平台层和数字产业公司等的投入,剥离低效产出的子公司,让有潜力的优秀子公司不断进入上市公司主体,呈现投资市值,促进主体转型升级。

在投资市值管理中,价值创造要着重于价值链分析、压缩,强化薄弱环节并重新整合,投资策略须为价值影响服务;在价值实现中,必须以投资者为中心,实现信息披露公允、充分、及时和准确,从单向披露信息转向以了解投资者需求为目的的整合营销传播;在价值激励中,必须考虑经营层的能力发挥,在合理的业绩考核、风险承受和递延报酬等原则上,采取股票期权计划、股票增值权计划和限制性股票激励计划等激励手段。

在价值经营中,当市场价值高于内在价值时,投资策略采用增发再融资、换股并购,购买行业内优质资产、股票减持或套期保值等方法;当市场价值低于内在价值时,投资策略采用回购股票、股份增持、并购重组、实施股权激励或员工持股等方法。

在物联网战略发展中,作为物联网合作伙伴行业领先者,要特别关注产融结合的股权投资,引入腾讯、阿里巴巴、百度等BAT战略投资的股权合作。

三、把握投前管理,总结投后价值

在物联网投资策略中,外延式投资是加快物联网战略实现的核心手段。是内涵增长还是外延扩张?是资源互补还是资源共享?是提高竞争壁垒还是减少市场竞争?是战略调整还是进入物联网新领域?要使投资策略成功,首先要厘清投资目的,一定要确保正确。其次,投资策略一定要为目的服务,根据目的进行横向、纵向、混合和跨越式投资。再次,投资前必须重视尽职调查,在价值发现上,对历史、现在和未来进行梳理。

在风险方面,重点了解股权瑕疵、资产完整性管理,尤其是应收、其他应收、应付、其他应付和存货跌价准备的情况,更要了解核心人员的想法、市场的变化、产品的竞争力、法律的风险和现金流的状况。促进投资人员融合,留用关键人物,制订股权激励计划和经营业绩考核计划,进行业务整合,尤其是要围绕顾客需求进行产品研发,并制订性价比提升计划。

在文化融合上,需要有妥协智慧并坚持原则,也需要整合节点和控制进度。在财务管理上,必须符合IPO要求,并且锁定风险,进行风险识别分类,坚持风控原则,坚持解决风险。在沟通上,要保持有效机制,了解合作方和员工的不同需求,满足他们的合理要求,并提供实现其期望的途径。投后管理上,要建立每月沟通机制和问题解决方案,要建立人才梯队和储才池,要和而不同、创而不懈,要引进新的资源并发挥资源融合作用,要坚持"有所为而有所不为"的原则,要建立风险机制和业绩评估奖惩制度,要形成投后评估体系和续投前置条件,不断总结经验教训,为后续的物联网投资策略提供指路明灯。

在物联网战略和IPO背景下,物联网投资策略将面临重大挑战,前路艰难，但我们保持谨慎、坚定步伐、克己攻难、抓铁有痕，通过在资本市场舞台上实践创新，让物联网战略生根发芽，不断开花结果。

＊　＊　＊

物联网发展下的股权激励

物联网发展不再是单纯的产品竞争,而逐渐深化为越来越激烈的人才竞争。只有通过股权激励,吸引更多优秀人才加盟,企业才有持续奋进的活力。股权激励可以起到激发员工活力、吸引人才、培育企业文化的作用,最终实现企业和员工共同成长。

对发展中的物联网公司来说,一般有以下几种股权激励的方式:

一、只分利不给权。如干股分红,包括业绩股票,即按照约定将超过业绩部分的奖励转化为公司的股份增资或转让购买资金;账面价值增值权,即以每股净资产增加值激发公司主要管理、研发、业务人员朝着公司资产增值方向努力,公司授予一定数量的名义股份,在年度结束时,按每股净资产增量和名义股份进行收益,并向激励对象支付现金。

二、先分利再给权。如期股,由企业贷款给经营者,经营者按照分红和年度奖金分期还款,但享有股东的权利。又如上市公司的股票期权,在股价位于历史新低价位时,对业绩增长达到一定比例的核心员工,在一定期限内授予其公司较低价格股票,其在达到业绩时可行权,获取两者间价差,从而收取股权激励收益。

三、分权分利。如员工持股计划,由员工持股,再由公司担保向银行贷款,或者员工出资购买公司股份,或者股东捐出部分股票无偿赠予员工,通过建立员工持股计划信托基金,让员工作为公司股东参与公司决策、行使分红等权利。

股权激励,需要关注以下核心内容:

一是选对人,主要是认同物联网文化、认同企业核心价值观的主要管理、研发和业务骨干,并考虑工龄长且对公司忠诚的员工。

二是在激励前一定要明确激励行权条件及取得激励的条件。条件是业绩,而非时间,业绩考核必须坚持可量化、可实现、明确性、有时限性和奋斗性等原则。要考虑到员工离职时、股权正当到期等特殊情况下不同的股权处理方法。激励期未满时,员工离职则应规定自动放弃激励;激励期满,员工离职,则应制订计划说明兑现方法;激励期满未行权,可予以随时兑现;正当到期的期权回购应设定回购日期、价格方式;特殊情况如遇天灾人祸、员工违反法律被判刑,或者公司无法运营等,都要在股权激励方案中说明清楚。

三是行权价格的具体规定。对于物联网子公司来讲,一般以每股净资产值的一定折扣作为行权价格;对于上市公司来讲,作为奖金性质股票,激励对象不用出资,而由公司从二级市场购入作为存量激励。如果增发,其定价一般为定价基准日前20个交易日股票交易均价的一半,并且锁定转让期限。

四是股权激励数量。对于非上市公司,给予股权激励的个体不超过5%,一方面是为了股票池考虑,让后续的核心人员有激励余地,另一方面是再融资需求。对于上市公司,应按照《上市公司股权激励管理办法》规定,任何一名激励对象不得超过总股本1%的激励数量,总的激励数量不能超过总股本的10%。

五是股权激励中,股份(股票)和资金来源要合法合规。上市公司激励时,股权激励股票来源一般有定向增发、大股东出让,其资金来源为直接出资、薪酬、分红抵扣,及企业资助。非上市公司激励股份来源于原来的股东转让、无偿赠予,及增发股票,其资金来源于自有资金,也可以是分红抵扣或薪酬抵扣等。

在企业发展的不同阶段,所运用的股权激励方法应有所区分。在初创期的新公司体系中,应采用干股激励、合伙人激励等方法吸引核心员工,共同为企业发展尽心尽责;发展期企业股权激励主要体现在期权或股票期权,既要将公司发展与员工长期业绩挂钩,又要对员工当前的业绩突破给予期权激励;成熟期企业的股权激励较为复杂,应将企业战略目标分解为若干个创新目标,以大股东赠予、员工持股、股票期权激励和限制性股票激励的形式,给实现创新目标、有突破性贡献的子公司、事业部、研发部或业务部激励,鼓励核心员工在业务上创新突破。

股权激励是物联网发展过程中必须正视的问题。物联网产业的创新,离不开优秀人才的加盟,需要员工不断成长,需要我们在关注法律、成本、资本市场、经理人市场等前提下,不断完善公司股份结构,为物联网事业发展构建规范化的人才管理机制和利益分配机制,发挥股权应有的激励作用。

* * *

物联网战略下的柯力竞争优势

不同于互联网产业的一鸣惊人,工业物联网的推进并没有那么一帆风顺。商业互联网的迅速成功并不能说明工业物联网亦可快速推进,阿里巴巴达摩院的经验并不能直接复制到工业物联网发展中。既然物联网战略是公司坚定不移的发展方向,那就要将柯力物联网战略置于未来5~10年的时间中来看。历经市场磨炼,在称重物联网上,我们已经取得了不错的成绩,建成了物联网产业园区和平台,我们也深信工业物联网终将改变业态。柯力未来一定会拥抱物联网,在细分市场上逐步推进,接受市场考验。这条路

工业物联网边缘智能高层论坛

需要负重前行,虽然曲折,但我们坚信前景光明。

目前,柯力具备的竞争优势有:

一、雄厚的传感器和仪表产业研发基础,建有多个研发载体及技术平台

目前柯力已获批建有1个省级企业研究院、3个省级企业技术中心、1个省级博士后工作站、1个市级院士工作站和1个市级企业专家工作站。

公司内部还搭建了补偿技术、焊接密封技术、应变计在线检测技术、高温传感器技术、低功耗无线技术、动态代码加密技术、通信协议技术、电源隔离技术、TFT触摸屏多界面技术、远程控制技术、防作弊技术等多个技术平台。拥有覆盖机械设计、大数据分析等领域的专业研发人员,形成了以智能传感器、仪表、软件、智能元件为核心产品的研发团队。

在研发设施上,有相关实验、测试仪器400多套(件),固定资产原值约1亿元(含房产),拥有行业健全、精密的试验检测中心,如国内先进的50t净重机、2000t比对机、氦质谱检漏仪、微波暗室、电磁兼容和环境老化试验室等,为产品的研发和性能检测及验证可靠性提供了全面的试验条件。同时柯力还投资800万元建立了私有云数据中心。

从知识产权和标准来看,公司具备较强的自主创新能力,并拥有一系列具备自主知识产权的核心技术。截至2019年12月,公司拥有168项专利、116项计算机软件著作权、4项软件产品,另有102项专利正在申报中。公司已制定《称重高温传感器》1项行业标准,已参与制定《称重传感器》《金属粘贴式电阻应变计》《便携式动态轴重仪校准规范》3项国家标准(规范),正参与制定《动态公路车辆自动衡器——弯板式》的国家标准和《静重式力标准机检定规程》的国家计量校准规范,正在争取制定《称重物联网传感器》《电子称重物联网仪表》《称重物联网系统软件平台技术要求》等国家标准。

微波暗室

从产学研角度来看，公司已与加拿大工程院凌晓峰院士，宁波大学、南京大学、天津大学、宁波工程学院、浙江大学软件学院、中国科学院宁波材料技术与工程研究所及辽宁省安全科学研究院合作，开发多个项目。公司目前正与宁波大学合作并推进入选宁波市"科技创新2025"的《温度、湿度、振动多传感融合的无线智能传感器开发》项目，与浙江大学合作推进国家重点研发计划"主动健康和老龄化科技应对"重点专项中《老年人跌倒预警干预防护技术及产品研发》项目。公司还与宁波工程学院签订了《产学研战略合作协议书》，联办物联网学院，并与浙江大学软件学院签订了共建"宁波市工业物联网软件产业园"的合作框架协议等。

二、精细化管理体系

成本管理上，公司的物料采购全面执行预算管理制度，请购物料未经核准一律不得采购，采购物料必须先核价后采购，所有物料采购都采取合同管理制，整体采购实行就近采购、"邻居"配送、去料加工、货比三家等原则。公司推进设备、搬运、工艺三大自动化,细分作业工序,提升员工作业专业化水平,通过技能等级制、技能等级薪资制以及常态化的操作与理论培训,提高员工工作效率。通过信息化管理工具(ERP系统、条形码、MES等),合理排产,有序供料,保障生产流程中有序作业,控制产品非作业时间。通过上述多项举措,整体提高生产环节的劳动效率,从而合理控制并降低人工成本。公司践行差异化、高端化的产品生产策略,在设计源头进行成本控制,通过采用产品经理管理模式,根据需求对产品设计进行成本核算,产品结项时再作成本细化核算。

在制造环节,将物料细分为定额物料、非定额物料、机物料等,将单位产品的标准消耗与实际执行数据进行比对,对物料进行定额消耗管理,并实行责任考核。

在质量管理上,公司已经获得"宁波市江北区区长质量奖",正在申报"浙江制造"品牌。

在国际认证方面,公司连续通过50多种传感器和仪表的OIML及NTEP认证,有60多种传感器通过了俄罗斯GOST认证和乌克兰认证,还有40多种传感器、仪表等通过了CE认证。

在防爆产品认证和特种设备型式批准等方面,柯力的产品也走在行业的前列。公司采用导入MES、ERP、PDM、条形码系统等多个现代信息化管理手段,确保产品的可追溯性及研发制造质量的有效可控;引进金相分析、应力应变分析、环境可靠性试验、无线通信检测、电磁兼容检测等专业检测设备和测试手段,从原材料分析检测、生产制程的自动化检测、成品的型式试验等环节确保产品设计和制造质量;开展衡器系统全生命周期研究工作,在衡器使用可靠性、称重模块寿命分析、故障现象报警等方面,运用大数据分析的趋势预判功能实现产品质量预警;开展不定期巡回服务和客户拜访工作,深入市场,将客户的真实需求反馈到产品设计和制造环节中,持续改进产品。

三、敏锐的市场洞察力和市场网络发展机制

公司有完整的市场业务体系,包括不停车检测系统、建筑机械、冶金化工称重系统、公磅一体机、国内外传感器和仪表等销售团队,并拥有扭矩、压力、温度等传感器市场体系,建立了完善的市场调研团队,用于非衡市场拓展和竞争对手分析。

在市场渠道建设中,我们的国外客户遍布全球五大洲一百三十多个国家,结合"一带一路"国家倡议,迅速扩大沿路代理商、经销商的布局,改变竞争策略、加强竞争力度。同时,通过建设国外公司,采取品牌代理或其他多种合作方式,深入了解和开拓国外市场。同时,增设国外业务人员,完善产品经销体系,开发空白市场;在此过程中,也要加强业务分析,加深业务团队对非衡行业的理解程度,结合市场特点、区域经济发展现状,查漏补缺,积极寻找新的业务增长点。

在国内衡器市场发展上,目前柯力已经将其国内衡器市场划分成11个大区,下设11名区域经理,管辖42个区域市场,每个区域市场配备1名业务员。目前公司的营销区域遍布全国,已经在辽宁沈阳、山东济南、河南郑州和广东广州等地建立起仓储物流中心,全力满足客户快速到货的需求,提升市场竞争力。

四、深入行业,占据物联网发展变革领军地位

柯力正全力引导客户从电子衡器走向自动衡器和智能衡器,引导客户走向差异化、高端化的产品体系,引导客户走防作弊衡器、智能衡器、数据准确衡器的路径,并将人工智能中自然语言合成、机器学习、机器人操作、视觉AI等技术运用于称重系统中。在低功耗、无线、高精度、动态、多物理量的传

感器研发，AI 应用，自助终端自动故障诊断，称重设备准确性研究等方面，公司不断研发突破，积累了丰富的经验，还涌现出很多典型，如物联网多功能仪表 D28、自助终端一体机、无人值守称重系统、不停车检测系统、起重物联网等。另有部分项目处于研发阶段，如医疗物联网、智慧工地物联网和物流物联网等。公司每年至少举办四次市级以上工业物联网论坛和行业物联网研讨会，开展至少三十场国内物联网巡回服务，积极参加衡器、港口机械、建筑机械、起重机械、物流等行业展会、智博会和物联网展会，积累了在不同物联网应用场景进行技术开发的经验，并着手搭建工业设计、行业物联网大数据分析、第三方检测等平台。

定位于行业技术、产品、供应链、管理平台，公司提供无人值守系统，提供差异化产品和智能化产品，提供视频、样本等资料，提供培训和服务平台数据管理，提供运营费折扣和停卡服务，提供定制和区域保护，提供大数据和延长质保期服务，提供数据安全防作弊保险和服务器技术，提供物联网工业应用和产业园区产品合作，为行业转型升级奠定发展基础。公司致力于将行业推向衡器产品硬软件结合，开创一个数据资产化和数据创造价值的崭新时代。

公司还同时培育客户物联网思维，建立后台数据管理和微信平台，建立新生代营销人员和营销方案，建立远程服务，维护后台在线检测，建立市场推广手册，以长远的目光建立资源整合价值再造体系，促进衡器行业质变。柯力的工业物联网体系必将逐步健全。

2018 年，柯力获得"国家级服务型制造示范项目"称号，柯力工业物联网产业园也获得国家级制造业"双创"平台试点示范项目的称号。我们正向物联网产业园区的龙头企业＋产品链＋创新中心＋投融资＋服务平台＋社区发展方向前进，有望形成高端引领、龙头带动、全链集成、多维融合、开放共享的特色。我们还在探索柯力的智能元件＋行业场景＋产业平台＋数据资

产 +IPO+ 物联网战略的发展路径,以期形成战略方向明确、执行力坚定、性价比高、具有核心竞争力的柯力发展特色。

*　*　*

物联网战略下收入和利润成长模式

物联网战略是柯力坚定不移的发展方向,我们深信智能制造和工业4.0是企业发展前景,但物联网需要巨大投入,且新事物总是面临众多不确定因素。这就要求企业在发展主要业务和推进物联网战略时,必须处理好两者的投入与产出的关系,提高收入,从利润模式上为物联网战略提供可持续发展动力。

一、紧抓主业的盈利模式,为物联网战略提供血液

首先要增加销售收入,重点落实常规产品市场占有率再提升计划,运用公司产量大、品种多、认证广、品牌亮、存量多、用户信赖等优势,克服交货期长、价格竞争力弱等劣势,提高物流中心转运能力,确保库存量合理,加强积量返利,用竞争撇脂、"传仪"联动、品质提升、品牌差异等方法压制对手,再次提高市场占有率。

其次是改变产品结构,加快ZSW、SDS、NDS、ICS、EDS、WQS及D39、T1-W、XK3101-W等高端产品的研发推广,做到"一企一品",将产品定制与区域保护、阶梯价格相结合,融合传统产品,通过使用图像合成、深度学习等新技术全面提升新产品的层次,提高高端产品在销售收入中的占比,为毛利率增加做出贡献。

再次是延伸产品链。无人值守系统、公磅一体机、供应链平台限位接线盒、转换件等产品的销售,每年要以不低于 50% 的速度增长,使销售收入提高并提升客户满意度。

最后是保证销售收入的含金量,新客户或中小散户必须执行款到发货;已经签订合同的客户,常规产品可以下单,但非标产品下单及常规产品发货必须按照合同规定执行,预付款到账后方能出货;信用额度正常的客户,必须在下单额度内下单,最高信用额度的客户可执行月度出货,最低信用额度的客户必须要执行月底应收结账;长账龄客户,通过折扣、退货、催款、重组等途径逐步解决欠款问题。这些措施都为销售收入与回款建立了有效的应收账款内控管理机制,避免了坏账准备金增加对利润造成的不利影响。

二、建立全天候、全员成本控制机制,为物联网战略提供支撑

在材料采购上,重点跟踪主材的价格变化趋势,若主材价格下降,则同步下调包括附件、底座、压头、钢球在内的一系列原材料产品的价格,同时在宏观经济背景下,电子物料采购一定要求折让。运用创新设计改进工艺或替代材料及替代品牌,对部分材料进行置换。运用供应商整合、供应链优化、采购经济批量化等措施,全面全方位控制成本,特别是在电镀、热处理、线切割等材料上。

在辅料采购上,运用自制设备、优化供应商、网购、整合渠道等方法,重点控制溶液、机物料、配件的成本。

在内部消耗上,调整机物料消耗定额,注意节约电力及利用新能源。

在人力成本上,简化流程,优化管理,控制管理人员增加量,提升人均效率,尤其要注意控制一线员工成本,通过产品转移、自动化、IE 分析,提升全员劳动生产率,使分摊到工时或产品上的劳动力成本呈现逐年下降趋势。

在费用影响上,重点监管物流成本、呆滞品及维修品成本、质量成本和社保成本,使总费用上升率低于销售收入增长率,争取产生边际收益,实现边际利润。

三、全方位坚定执行物联网战略,并推进落地

物联网战略为衡器行业转型升级提供了平台,让数据离开磅房产生新价值,让设备自动化、差异化、智能化,指明衡器产品发展新出路。通过硬软件结合、无人值守系统延长了产品链,让行业产生了附加价值;从电子衡器走向自动及智能衡器,为产业掀开新的发展篇章;让衡器从有形走向无形,走向大数据时代,是柯力称重物联网真正的价值所在。只有衡器行业发展得好、发展得快,柯力的主业才有希望。因此,公司不仅要成为衡器行业发展的奠基石,还要成为衡器行业的发展平台。只有在发展整个衡器行业的

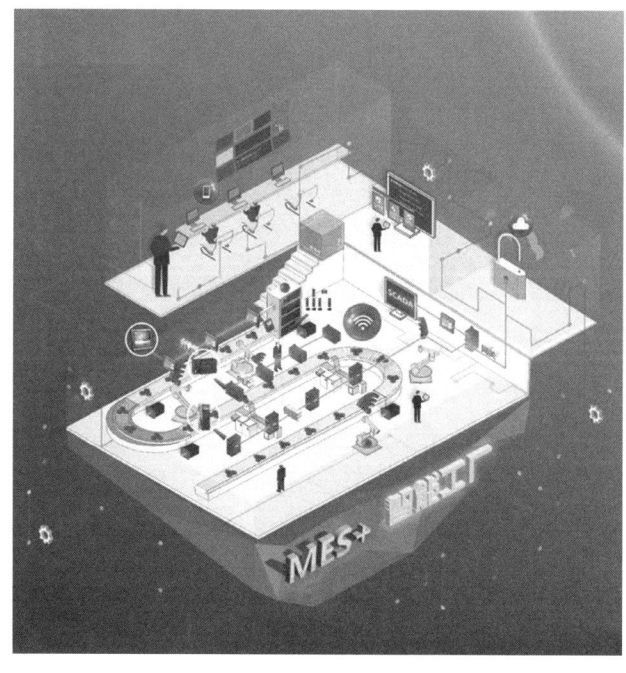

MES+智能工厂

基础上发展称重物联网，柯力才能赢得发展空间，获得发展动力。我们坚定推进称重物联网，义不容辞地为中国衡器未来服务，也为柯力未来开辟道路。

执行物联网战略才能把图像合成、人机对话、大数据分析等先进技术运用在传统产品中，才能把防作弊、定制协议数字化技术、远程维护服务等运用于提升行业产品档次和满足市场需求中，才能让在线检测、设计优化、故障分析及预防、质量预判、设备选型、终身服务等创新举措走向市场。以上举措满足了终端用户的潜在需求，丰富了客户的利润来源，增加了产品链激发行业的动力，促使公司研发新的产品，拓宽销售收入渠道，丰富利润增长点，激励物联网收入多元化，摆脱收入增长单靠运营费这一粗浅认识。

在逐渐推进落地中，物联网战略对其他的产品也产生了积极影响。如不停车检测系统中传感器、仪表自动故障报警和道路大数据分析，建筑机械中智慧工地建设，固废处理中的物联网检测，桥梁、隧道、防波堤的安全监测等，为柯力后续业务发展指明方向，为新事业部的投入创造了需求。同时建设物联网产业园区，在物联网垂直产业链的八大环节、十个行业中引入几百家企业，打造工业设计、大数据、传感器供应链、软件、人工智能、检测等多个平台企业，既为柯力发展提供产业集聚后的创新和服务机遇，又为柯力 IPO 后提供了投融资机会，使公司从企业走向平台，从制造走向服务，从称重行业走向工业物联网，从产品走向数据，登高望远，促使公司蜕变，也让柯力更符合资本市场的期望，增加了产业园区平台上运营、服务等收入和未来投资的对象，为公司发展提供了巨大的想象空间，呈现 IPO 的本质，达到了柯力的愿景。这些多维度、多方位、多层次的战略性思路尽管曲折，却值得迈开脚步坚定地走下去。

四、抓实物联网外溢效应,坚固物联网战略基础

首先要将物联网产业溢出效应与IPO战略结合。作为一个上市公司,应向资本市场明确表达公司未来的发展方向。柯力并不是一个传统的制造型企业,而是正在走向物联网和人工智能的新型企业。工信部颁发的"国家级服务型制造示范项目"和国家级制造业"双创"平台试点示范项目的称号,正是走向物联网的柯力获得政府层面首肯的证明。未来,柯力还将成为新的资本市场投融资平台,在传感器工业物联网产业组建和平台建设领域中发挥资本市场作用,开拓物联网新的收入来源,为稳定甚至提升柯力的净资产收益率(ROE)创造条件。

其次在产业园区建设上,未来三年内,总部要在业已形成的上百家企业的基础上,再集聚三百家物联网关联企业、几家投融资企业,到2020年力争产生两千多万的房租收入及上百万的运营服务收入。在未来三年内,要开设宁波市工业物联网中西部分园,形成"主业生产基地+产业园区+资本运营分园"的格局,通过增加实体性收入和资本性投资收入,为进一步深化物联网战略打下坚实的基础。

再次是关注能够带来各类收入和利润的物联网产品、企业、平台和产业园区的创新。有形的创新,如技术、物联网云平台、新产品、特色产业园、众创空间等;无形的创新,如提升柯力品牌效应,树立柯力战略知名度,会同资本市场建立雇主品牌等。创新能在提升公司在行业、产业中的地位上发挥作用,也能为所有柯力人树立信心,指引奋斗方向。

最后,关注物联网发展的目标。从社会效应来说,要为中小学生科普物联网知识,并与大专院校产业实验班进行合作,为行业培养人才;从区域经济发展来说,要为宁波市中小企业的转型升级服务,为"中国制造2025"在宁波落地提供平台,并起到示范作用;从产业经济效应来说,要为行业转型

升级服务,并为中国衡器行业赶超甚至领先全球衡器行业创造未来。

  我们始终不忘初心,遵循产业发展规律,沿着物联网的道路前行,即使冒着投入产出不成正比的巨大风险,也要沉着冷静,运用智慧克服困难,为物联网战略而奋斗!

*   *   *

物联网战略下的投入发展思路

物联网发展目前正处于关键时刻,虽然目前大家对物联网是未来发展方向已达成共识,但对其发展途径的认知却相对薄弱。经过几年的工业物联网实践,我们认为仍需加大投入,努力前行,不断探索物联网发展新思路。

一、物联网战略研发落地生根

在传感器领域,关注电商类的传感器供应链平台,这既解决了工业物联网中的多物理量传感器的供给,又解决了产业需求。作为基础核心元件,从单一物理量迈向多物理量是它的必经之路,物联网反向影响了传感器,让传感器往多物理量、低功耗无线等研究方向迈进。因此我们要集中精力建设传感器供应链平台,整理传感器战略合作伙伴名录和电商平台合作清单,明确合作方案和供给计划;建设低功耗无线研发小组;建设包括多物理量数字模块、物联网仪表、限位接线盒和秤台变形监测盒等智能衡器研发团队,与衡器联动后进行自动故障判断;建设物联网称重传感器可靠寿命研究课题组;建设远距离低功耗实验室;建设智能设备和其他物理量传感器;建设自动(补偿)算法的衡器中试基地;建设传感器寿命分析研究室、质量预测分析跟踪室等一批崭新实验及中试基地。

在仪表领域,重点关注 D28 底层驱动平台 +D39 外壳的显示传输功能,扩大高端版 D39 的数据传输和图像传送的容量,建设人机对话、自然语言合成和图像合成仪表,建设人机对话、图像合成、机器学习、深度算法等各大实验室,引进和优化人才开发 D28 平台简化版,将 D28 仪表投放到应用市场,让仪表的功能从仅显示稳定传送转变为准确传输大容量数据、自动判断故障等,并具备在线检测、远程标定、远程维修、远程升级、远程服务等作用。我们要重新定义仪表,重新确定仪表在物联网中的地位。

在称重元件领域,将无人值守系统与 PLC、MES、DCS 等系统对接,建立无人值守系统、公磅收费系统等中试基地,在博物馆或展厅展示中央厨房、农业大棚、塔机、港机等多种可应用于工业物联网的项目。

在软件开发领域,引进称重软件人才,开发适应市场的定制化软件,缩短开发周期,降低成本,做到无人值守自动故障检测,使硬件选择具备便捷性;力促不停车检测系统和干粉砂浆称重系统的软件开发;力促公磅收费系统和微信分发系统的开发;力促动态仪表英文版在不停车检测系统中的应用;引进软件检测实验室和实验室工作人员,完成在 App 中呈现大数据分析、大数据分析服务器通信接口标准化、对大数据分析输出端用户信息收集与反馈等工作。建设大数据公司,专门设立大数据市场需求分析和洞察岗位,引领大数据和硬软件开发市场及资源投入的方向,筹备大数据工作室和大数据价值展示厅,逐步形成大数据公共服务平台,为物联网战略的落地生根服务。

二、非衡物联网深化发展

在不停车检测系统发展中,首先建设不停车检测信息资料库,通过展会、研讨会、示范工程等渠道,统筹系统信息和核心人脉关系,不断开拓省内外业务渠道,稳定现有传感器客户群体,并拓展传统高速公路超限超载客户群体。以宁波为核心,在省内开拓至少一个地级市市场,同时不断开拓省外市场。其次是抓好自动故障报警系统和大数据分析的研发,创造市场需求以赢得核心竞争力。再次是控制产品成本,在投标中以高性价比赢得合同。最后,总结在不同道路中系统的适应性,归纳各种影响产品准确性和稳定性的因素,预防各类影响质量的问题发生,扩大品牌和物联网发展战略影响力。

在干粉砂浆称重系统中,投入储料罐生产基地,新增300台料罐,总量达到3600台,闲置率降低5%;新增2~3个新项目部,继续提高市场占有率。下达称重物联网衡器指标,将称重物联网延伸到建材行业,建设混凝土行业ERP系统和干粉砂浆信息化平台,推进工业物联网在建机行业的应用。

积极推进起重机械物联网和大专院校科研机构的合作,将其定位为智能化起重机械产品,找到样板市场,强化起重机械厂家物联网应用联盟。

同时,积极开拓发展环保设备、危废固废处理装置、物流装备、港口机械、海工装备等工业物联网,引导部分港机公司使用大数据采集及分析系统,开设港机仿真实验室和软件工作室,建设对接港口信息化平台的物联网系统。

我们要力争每一个智能设备都能够逐步释放积累的物联网能量,形成新的销售增长点。

三、物联网投资机制转型升级

企业发展到当前阶段,尤其在IPO后,已经从传统制造业和实体经济下具体的运营管理走向资产证券化和金融投资。

在子公司管理中,必须明确定位,由销售元件转向销售无人值守系统、软件等,由传统衡器转向自动、智能衡器。装备子公司要起到重要引领作用,要培育营销团队,培训改造原有销售人员。通过变革股权政策激励优秀员工,共享研发成果,提供云服务,逐步将公司打造成区域性称重物联网行业的领导者。

在新三板公司、传感器工业物联网等相关领域,以半年为期限对投资信息来源进行归纳汇总,逐家走访洽谈,利用IPO平台,与各类PE、VC企业共同投资。遵守三大原则,明确包含股权结构、历史沿革、经营、财务、人员、管理等在内的被投种子企业的基本情况,明确投资计划中与资源分享、股权再安排、管理团队雏形及梯队、未来三年发展等相关的具体内容。将投资项目分为重点项目、长期跟踪项目和一般项目三类。重点项目要做到每月更新信息,聚焦冲突,寻求双方都可接受的解决方案;长期跟踪项目,尤其是与产业园区企业合作的项目,保证双方每月交流,保持渠道畅通,时刻关注合作机遇,耐心创造合作机会,在合适时机推进双方都有意向的项目;一般项目则要做好信息沟通,明确双方条件,坚守投资原则,在变化中等待合作机遇。加强投资部门考核,关注投资管理人培育机制,尤其是管理团队,要与人力资源部门、总经理办公室等部门一起率先工作,储备人员要及时参与投资前中期工作,为投资后期工作推进创造条件。积极鼓励内部创客化,为员工发

工业物联网园区企业展示平台

展提供平台,实现企业价值、投资价值、员工价值。要及时总结投资后的每年得失,明确提出改善要求,实现投资价值。

四、物联网产业园区开拓发展

首先要在量倍增的基础上提升质量。新物联网大厦投资近1.2亿,要继续对其3万平方米的空间进行招商,2018年入驻企业达100家,在此基础上争取再引入40家企业,签署新的物联网大厦协议,同时设计18层的人工智能大厦,于2019年底开工建设,在2021年形成3万平方米的招商空间,争取未来三年内入驻300家企业。劝退低产值、低税收、低技术含量的已入驻企业或责令其重新调整,注意在招商源头上控制质量,并实现招商过程中的及时补位,必须在合同、协议中规范退出条件,宁缺毋滥,确保产业园区的蓬勃生机。三年内,要向新建的两大分园再投入5亿~6亿资金,将园区里发展快、需要空间的优秀企业的生产、制造和研发环节迁移到分园中。尤其要重视有股权的公司和成长迅速的企业,支持其发展就意味着壮大柯力。

其次是将角色定位从房东转变为股东,在招商期间就应培育有潜力的企业,建立入驻企业档案,关注企业月变化情况,包括每月的产出、需求、投融资情况等。把愿意与柯力一起发展的企业转化为柯力的投资对象和发展伙伴,让产业园区成为它们的发展平台。

最后是从产业集聚转变为价值再造,产业园区的核心价值体现在解决入驻企业的发展需求上。在招商期,要重点解决房租补贴、税收优惠等需求;在创业期,要重点解决投融资、研发补贴、市场渠道和服务资源共享、股权合作等问题;在成长期,主要关注管理瓶颈、土地和厂房等空间供给、人力资源培养培训和大数据、软件、传感器、检测等平台的应用;在成熟期,要按照国外与国内渠道开拓、项目储备与人才开发等要求。对产业园区企业进行分类,列出对企业的要求和需重点关注的问题,对症下药,明确不同的发展思路，重点突破企业成长瓶颈，紧紧跟进。总之，在不同阶段满足产业园区企业的需求点，才能让它们生根发芽，枝繁叶茂，扎根于产业园区的热土上，形成产业森林，形成资源共享生态平台，让园区企业大发展、大融合，最终实现价值再造。

工业物联网现逐步进入中场阶段，以龙头带动、高端引领、投融并购、服务优先、多维融合、全链集成为发展方向，在初期引领了产业发展，但在未来三年内必须以投资为核心纽带，实行产业融合。产业集聚和产业园区发展必然会倒逼公司投入资本化，引导它们拥抱物联网，从硬件走向硬软件结合，再走向 AI，最终走向大数据时代。在未来五年或更长时间内，必将实现产业、企业、人才融合，甚至实现产业、企业、人才和城市的融合。

物联网正坚定前行，脚步声越来越近，我们必须高度关注、高度投入，去迎接物联网产业、企业、人才、城市的到来。

* * *

物联网战略下的市场发展思路

物联网战略正在逐步推进,目前最大问题在于如何体现物联网价值链,下一步物联网战略推进的方向是什么,以及如何前行。在前行的道路上,我们需努力思考,坚定行动,实践创新思路。

一、到终端去

物联网来源于终端需求,并反馈于终端需求,终端市场需求是物联网的市场归宿。

到终端去,要求业务团队与设备厂商一起,每月至少总结三个及以上终端用户的需求,总结归纳终端用户使用终端后提出的优点和不足,反馈于物联网周报,逐步升级迭代物联网硬软件产品。

到终端去,要求物联网子公司必须每周至少有一天在跑终端业务,将衡器改造升级、二次销售、远程服务、在线检测作为核心业务,重点推广开发无人值守系统、公磅一体机、一卡通、非衡物联网等业务,在周报中形成物联网信息反馈。同时派遣销售副总经理入驻子公司,建立营销资料、方案,提出激励政策并培训团队。根据子公司所在市场情况,总部会将非衡物联网项目资源和产业园区公司的项目资源融合,形成单月总部业务促进会和双月子公司现场办公会,促进双方资源共享,达成产品改进和业务

现场走访客户

拓展。

到终端去，要求重点统计 App、微信平台及 PC 端界面待改善之处，使之更人性化、便捷化，并且推广 App，使终端用户养成使用习惯。

到终端去，要求与设备厂家一起开办终端用户物联网衡器培训班，开展终端用户物联网衡器现场服务，建立终端用户示范应用项目，建立终端同行或区域性市场的走访，推广营销渠道。

到终端去，要求衡器厂商重视志同道合的经销商，引导培养业务团队，打造激励体系，配备专业的后台数据人员，建立服务团队的信息及时反馈体系，提升在线检测的服务水平，对设备进行优化设计，推广从产品制造转为数据管理的衡器经营新模式，迈上通过物联网进行改造升级、二次销售、大数据分析的新台阶。

二、抓住价值创造要点

首先，客户普遍关注的运营费要及时返利，我们必须明白物联网发展是为终端用户服务，为解决设备自动化、智能化、数据化而服务，同时也为衡器厂家的转型升级服务，我们愿意将收取的物联网运营费回报客户，但客户必须从电子衡器转向投入自动、智能衡器，因此在未来的业务销售策略中，传感器、仪表、物联网要签订年度协议，称重软件、导线及配件、限位接线盒、供应链平台上的产品、物联网仪表、一体机、高端及防作弊产品、常规产品要优先安排返利，引导衡器厂家走转型升级道路，走差异化和高端化道路，避免同质化市场竞争。

其次是狠抓大数据分析。确定大数据分析合作伙伴，建立注重双方责任和利益的合作框架，引导客户在产品使用上做到标准化、信息化，给客户提供优惠条件，确定双方数据收集、清洗等工作内容。重点在现有大数据分析后，为终端用户升级行业属性、强化现场属性，对使用频率做分析研究后为用户改造升级，对使用载荷分析后，优化传感器的选择和秤台设计，推进软件在线使用，推广远程维护并提炼价值，汇总故障原因预判质量并改进产品。深入推动十大合作伙伴、上千家终端用户的现场数据实时呈现和建模，每月开展大数据分析现场会议或视频会议，从终端市场、设备使用现场的反馈中一步步获取有利于行业发展的数据链，摸索出对行业有用、有价值的数据，完成物联网阶段性历史使命。

再次是促进衡器行业转型升级。从物联网出发，不能仅满足终端需求，还要创造、引导终端需求，要重新定义衡器并延长产品链。除了制造信息化和自动化外，想要从产品制造走向大数据，关键是要提升产品现场服务质量，使用大数据分析提升制造效率，优化设计水平，在线检测后，提高数据准确性，提高产品个性化和服务精确性，反向促进设备厂家从同质化走向差异化。关注点要从制造车间转到终端用户使用现场，再到研发设计现场，促进设备厂家重视营销团队市场的开拓能力，挖掘终端用户需求，想出沟通办法，重视后台数据管理的枢纽作用，让服务团队制造价值，重视硬软件结合，扩大数据资产带来的乘数效应,重视年轻人才培育和改革股权体系。这一系列改革的价值是无形的,是潜移默化的,具有长远战略性。

最后要坚持价值创新的源头力量。企业的存在价值,应是为顾客创造价值,在更高层次上推进行业进步和社会发展。我们深知创新之路艰难,非一朝一夕之功,在市场策略中,就必须抛弃短期利益,坚定执行策略,坚持在产品、营销和战略上创新,过滤市场杂音,朝物联网战略迈进。

三、不断变革,推进物联网战略

业务团队要改变传统的产品思路,从客户公司的发展战略出发来考虑自身业务体系。我们不仅要提供产品,还要带动客户发展,帮助客户获取长远利益,努力为客户发展提供平台,甘做垫脚石。

要变革公司研发团队,改进我们目前的产品,推出满足客户需求的产品,结合新技术研制人工智能产品,储备平台式产品,在物联网战略下,规划未来五年内的新产品。我们研发的核心任务并不是改进,也不是成本优化或差异化,而是开发融合新技术的平台式产品和软件、大数据、生命周期等无形产品,从行业生存、发展、服务出发,引导行业变革并改造行业,这一理念贯穿了物联网发展的主线。既不是只看市场,也不是一拍脑袋,而是用敏锐的市场洞察力,研究终端用户心理,进行产品创新。

必须围绕工业物联网建立工作清单,变革子公司管理模式,并不以盈利与否来定义其生存价值,而应考量它是否推进物联网变革,以物联网改造数量和价值为考核的核心内容。变革客户关系,确定在物联网上价值观一致的合作伙伴,向其提供定制、区域保护、四大平台、培训等方面的扶持,帮助其实现非衡物联网、产业园区产品、智能化产品和资产数据化,建立战略性合作伙伴清单,推进后台数据管理、远程服务、设备改造、大数据分析等工作,建立专门联络人和联席会议制度,建立每两个月见面沟通会议,实时推进物联网变革,推进双方合作纵深发展。变革促销方法,运用更多的软文推广,运用展会和研讨会,呈现物联网对行业的影响,强调其战略意义,择机建设战略合作伙伴第二梯队,差异化处理与客户的关系,进一步强化与战略合作伙伴的合作深度和广度;对于在物联网边缘徘徊的客户,从实际的利益出发,以某一具体变革内容切入,来稳定与客户的合作;对于暂不理解物联网的客户,仍执行常规产品销售思路,以差异化的产品和价格策略服务好客户;对于低价值同质化的客户,尤其是信用较差的客户,以坚持品牌和保护优质客户为原则,放弃或淘汰这部分客户。

加速发展衡器物联网,建设产业园区,多增收入、多点利润,为公司发展减轻来自衡器行业的竞争压力。加强成本控制,建设北方分厂,提高性价比。以再次创新和销量再次攀高来稳定物联网客户,稳定信用好的客户,稳定成长快的客户,淘汰信用差和干扰市场的客户,运用积量返利、赠送、快速交付、定制等策略,争取摇摆不定的客户,以真诚赢得客户。

我们必须以坚韧的心态迎接挑战,以务实的态度抓好基础管理和客户服务,以创新的精神引导行业革命,以战略布局来统筹发展,以长远眼光推进物联网产业,以生存意识发展工业物联网。

* * *

PART 4

管理创新
—— 规划从组织到人才的成长路径

物联网战略下的合伙人制度

物联网战略中需要关注的核心问题是人才的培养和使用。从经济学角度看,传统经济以资产为主导型,但在互联网、物联网、人工智能、大数据等新经济领域都是人才主导。人是一切的中心,价值创造是由人来完成的,生产要素只是辅助性的元素。因此,物联网战略必须围绕人的进步和提升来深入。

传统企业中,工人是劳动力。当设备越来越智能化时,自然而然,许多生产线工人被替代了。在物联网经济中,由人来寻找、满足、超越,以及创造市场需求,由人来研发、创新硬软件,完成系统集成和大数据分析。这些工作是不重复且不确定的,甚至难以量化绩效。因此,在物联网经济中,管理者和人才的关系不一定是上下级关系,而是合伙人。在物联网战略推进中,合伙人制度极为重要。

一、确定合伙人来源

通过调整人才信息库、招聘资源库和面试题目,拓展招聘渠道和完善投资机制,引入人才。更重要的是要建立合伙人培育机制,包括子公司总经理培训机制、人才梯队建设机制、内部员工激励机制、轮调岗方法、产业班人才储备机制、事业部和子公司的实习总经理机制等,多管齐下,逐步培养出一批具有合伙人潜质的物联网事业的推进者和实践者。

二、建立合伙人激励和退出机制

根据管理人员的整体业绩、业务人员的销售提成和研发人员已结项项目投放市场的效果,给予一定提成,若有超额利润则再给予一部分奖励。待物联网市场逐渐成熟后,建立单独的子公司或事业部,独立核算,独立考核,按照其年度利润完成指标,将超额利润按协议按一定比例奖励给合伙人。在退出机制中,若子公司经营业绩优秀,可以按协议规定的市盈率或当年利润的 20~30 倍进行溢价转让;若因客观的身体或家庭原因需要退出,获得的奖励也可以按净资产或者协议规定的当年利润的 10~20 倍换算;若业绩暂未达到要求,也可按每股净资产退股,我们尽量确保退出时无后顾之忧。

柯力子公司会议

三、合伙人公司的平台搭建

公司要全力以赴推进物联网战略,在客户关系、终端市场需求、产品迭代开发、远程服务、巡回服务、大数据体系、数据安全和保险等上不断深入;在行业自动化、智能化、高端化、个性化上不断推进;在投融资和 IPO 上不断壮大实力;在物联网市场和产品上不断披荆斩棘,成为对合伙人有吸引力、对市场有影响力、对行业有贡献、有丰富资源和价值的公司,为各合伙人发挥作用建造大舞台,但也要让合伙人充分意识到,一旦离开公司搭建的平台,他就会成为无源之水、无本之木。

四、加强顶层设计

在合作初期,既要让合伙人明晰政策,又要确保合伙人有契约精神,奖罚分明、执行到位,对有争议的数据和条款,用平等协商、求同存异和面向未来的态度,不断完善,双方达成共识,彼此认可。同时进行有效授权,根据责任划分、业绩效果来分配利益和使用权限,业绩完成度高则给予充分奖励,充分承担责任则给予充分授权。当然,在权力分配上,要对无法完成业绩的合伙人有所制约。我们拥有共同的目标,一起完成日益增长的任务需求,朝着物联网战略方向前进。

在实践合伙人制度的具体过程中,必须充分考虑每个层次人员的激励机制,提高领导人的自我认知。企业从无到有,从小到大,中高层管理人员尤其是领导人与之共历风雨沧桑,共度艰难险阻,难免有思维定式,更相信战略"一言堂",但在物联网经济中,这种思维定式是有害的,企业的成功由多方面因素促成,天时地利人和。领导人必须保持从头开始、随时清零的创业心态,企业才能有新技术、新制造和新发明。保持初心,保持倾听,博采众长,建立合理激励机制,明确前进方向,让每个层级人员都明确目标并有归属感。企业高层管理人员要明白,任何层级的经理是该层级及其下属的顶梁柱,一旦出现断层断档,该层级以下的所有层级都会出问题,因此,高层要与各层级人才多交流,听取基层声音,找到发展短板,找到前行方向。合理评估人才资源短缺状况,及时对人力资源各个板块进行创新,提升员工的素养,尤其是要把建设合伙人制度作为物联网战略的核心工作。

物联网战略需要不断创新,需要市场洞察力和核心竞争力,需要优先创新人才战略,我们要认识到,物联网战略推进也是人力资源的引入过程。我们要改变传统制造业对人的定义,因此合伙人制度极为关键。虽然物联网战略发展艰难,但通过合伙人制度,能够落地物联网人才战略,让一批优秀的合伙人与公司共进退。我们既要做大市场蛋糕,也要把蛋糕分配机制即人才策略建设好,这才是物联网战略得以不断前进的根本保证。

* * *

物联网战略下的客户策略

在物联网的市场推广过程中,我们必须要有明确的客户思维。在物联网市场上,把公司产品推销出去,并不能视为成功,推进客户转型升级,帮助客户提升企业战略,才是成功。本质上,这是属于为客户创造价值的销售模式。

传统的销售存在很多问题。我们的销售人员只与客户的采购部门互动,与客户的沟通基本只围绕价格,还常被动接受降价;销售人员花过多时间和精力与客户应酬,与客户关系良好,但是并未解决实质的业务问题,也没有产生实际效益;销售人员并未真正地了解客户的需求,与客户市场、设计部门无效沟通;销售人员缺少财务、商业思维,无法分析客户的盈利模式、财务状况,无法判断业务重点,自然也无法明确作为供应商能为客户创造什么价值,更是无从了解客户的客户(终端用户)想要什么。要知道销售只有提升终端用户满意度,才能获得长期收益。

从公司的产品销售和物联网推广状况上看,销售人员必须坚持成就客户的企业文化,在以下几个方面实现"为客户创造价值"的销售模式的落地。

一、追本溯源,研究客户的客户

无论传感器、仪表等元件,还是物联网本身,都源于终端用户的需求。从产品性价比上看,高、中、低端产品应有足够差异,明确客户定位,按照其不同的需求提供不同价格体系的产品,既要有与"梅特勒—托利多"等国际品牌竞争的产品体系,也要有应对低价位对手竞争的产品体系。尽管建设差异化的产品管理体系颇有难度,但为了满足终端市场需求,必须建立起来。

从应用环境上看,产品要具备防爆、防雷、防腐和防水等功能,再辅以物联网的实时检测,这也是针对产品体系上应用场景的产品储备。

从数据准确性上看,要具备防作弊、在线监测、物联网后台数据管理、远程服务、数据保险、大数据分析等必要功能,这都为终端用户的核心需求服务,保障设备的数据准确性。

从信息化上看,部分终端用户需要在线数据,以便实时查看,而部分客户则需要将信息化与ERP、MES、SCM、CRM等系统接口,要让设备产生数据和自身状态数据这两大数据同时进入企业运营管理体系,以实现从数字化制造体系走向信息化制造了体系。

公司的销售人员必须到终端去,只有来自终端用户的想法才能反过来影响我们的设备制造商客户,从而驱动客户创造价值。

二、深度了解客户,大力投入

销售人员及整个企业都聚焦于客户的想法,要了解客户一到三年内的发展思路,其中期规划中蕴含很多商机。客户的企业发展迈向何方?客户和对手在市场定位中的差异在哪里?客户的组织机构是否会发生变化?销售人员有年轻化的趋势吗?有足够的产品设计、软件研发人员吗?客户有引导市场的手册和方案吗?客户在终端用户处推广产品时受到什么阻碍?突破阻碍的难点在哪儿……只有了解到客户关于这些问题的想法,我们才能对症下药,把公司现有的资源,如培训方案、样本手册、差异化方案、产品平台、软件应用场景方案、激励客户的销售政策和运营费返利政策等与客户发展思路衔接。

当然，要取得客户信任，协同发展，仅有公司的资源供给是不够的。客户面临着的机遇与挑战是什么？客户的客户的需求是什么？客户的决策机制及决策人是谁？客户的企业文化是什么？今明两年内客户的工作重点是什么……我们也必须深入地了解。

针对部分向产品差异化方向迈进的客户，销售人员则一定要把公司的传感器、仪表、大屏幕、限位接线盒、无人值守系统、软件和物联网的差异化产品以高、中、低不同配置呈现给客户；若部分客户看重大批量的低价值产品竞争，销售人员一定要向客户宣讲公司积量返利政策和物联网返利政策，加强订单可视化，加速物流中心备货以缩短交货期；若部分客户看重出口业务，销售人员则一定要把公司的 CE、RoHS、国际防爆认证等展示给客户，并坚守价格底线和提成点；若部分客户偏好物联网信息化，销售人员一定要解决无人值守差异化问题，将自动故障判断、一体机、软件接口开发周期和免费试用期告知客户，且把软件开发和后续应用作为重点合作方案推荐给客户；若部分客户偏好工业自动化控制系统，销售人员一定要把高端品牌传感器和物联网工控仪表介绍给客户；若部分客户的规划为非衡物联网，销售人员则一定要把公司在建机、港机、起重机械、物流和环保等行业设备的物联网发展和现有产品平台介绍给客户，并邀请客户来总部，考察产业园区，参观无人值守中试基地和不停车检测系统应用现场，寻找合作商机。

总之，作为销售人员，必须要有敏锐的商业洞察力，不仅能跟随客户的思路，还能从客户的业务发展角度出发，了解客户需求，甚至在业务上比客户更专业，比客户思考得更深入，找到症结所在，为客户创造新的价值。

三、发挥销售领导作用，协同资源为客户规划服务

首先，招聘和录用销售人员时，就必须明确"成就客户"的价值观。在公

司利益与客户利益有冲突时,既要把客户利益放在首位,又要有能力寻找到满足客户需求的同时促进公司发展的双赢的业务价值。要建立不同行业的培训业务和市场推广体系,要善于倾听和认真执行,要建立不同的情报部门体系,甚至对门卫、仓管员也要了解一二;要有不同的方案呈现给客户的决策人;要赢得客户信赖,善于与客户沟通并呈现价值;要对客户未来的发展计划了如指掌,并提出可与对手区分的综合性解决方案。

其次,销售人员不能单打独斗,而要充分共享客户信息。通过物联网周报、业务日报、业务总结月报、日常微信群和 OA 系统等,随时向公司反馈客户想法,为所有客户建立以半年为期的发展规划汇总表和资源供给思路执行表,针对客户的需求来计划公司的行动。

再次,客服会议的内容要从原来的事后解决质量问题转化为针对客户需求提供解决方案,以销售部门为龙头,发挥领导作用,直面问题,切实解决客户需求。在巡回服务中,把所在区域的客户需求和有针对性的资源供给一并引入研讨会讨论范畴和走访计划里,并纳入研发人员服务计划和销售

巡回服务

经理出差计划,重点解决客户核心需求。

最后,我们要锲而不舍地帮助客户解决问题。不论是对客户内部不同部门的信息收集,还是对公司部门的资源协同,销售部门应发挥领导作用,细致耐心,把客户规划和公司资源结合起来。销售人员必须明白,只有客户发展了,公司才能发展,有效结合客户需求,平衡公司资源,达到双赢,才是业务使命所在。只要销售人员与客户保持密切沟通,就一定会有新的商机出现。

四、再接再厉,客户策略再深入

要逐步改变以供应商身份提供价格谈判为主的客户关系,从原来的价格战中脱身,逐步把客户工作的重点转移到增长客户收入上去。销售团队必须要明白,陷入价格竞争,对客户、公司乃至行业来说,都是十分不利的。过分降价,则必然要削减成本,而成本压缩带来的后果,是研发和人才创新投入不足,造成企业创新能力降低,会对公司、客户、行业长期发展造成致命伤害。因此销售团队的销售方案必须从客户节约采购成本转变为让客户总体拥有价值。尽管增加客户收入和提升客户收益很难,但相对于低价格的合作方案,用长远的眼光来看,却是最佳选择。

销售团队要学习专业的财务知识,了解量本利分析法、盈亏平衡点、财务三大报表,回归于商业本质,达到业务制高点。要逐步改变商业模式,从以价格为中心的市场竞争模式转换到综合价值创造的新模式,为客户提供利润率增长办法,密切关注客户现金流状况,要及时提醒客户回款风险并预防合同漏洞,加强销售计划性,预测和改善交货期,帮助客户提升产品周转率,盯住仓库,适当增加补货频率,加快资产周转率,向客户呈现公司的品牌价值,优化客户体验,提升满意度。

销售人员要培养自己的商业思维,千方百计地从客户财务报表和其他可确认的数据中挖掘情报,为客户建立历史记录档案,对客户的未来进行描绘,是客户策略在销售中深入的关键。要采用差异化客户策略,销售团队要重新区分客户,只有目光长远且守信用的客户才是优质客户,公司资源有限,应集中力量为优质客户提供优质服务,对部分信用不良或者心存怀疑的客户,则不必浪费太多时间和精力。

要建立销售人员激励机制。将最佳销售奖分设为业务增长奖励和客户转型奖励两类,为研发团队设立年度最佳产品奖,为质量团队设立年度最佳产品改善奖,在非业务部门中设立协同客户转型奖。公司每一个员工,尤其是销售团队,在物联网或产品发展中,只要为客户提供优秀的解决方案,就可以获得奖励。这可以作为月度或季度奖励,也可以作为重大创新基金或成本奖励基金的内容,使公司内部管理真正为提升外部客户而创造价值。上述奖励体系不仅作用于薪酬奖金管理办法,还应用于股票期权和基本工资差异化中,这不仅针对业务部门,还应用于其他部门,只要销售人员在业务中服务客户,提供解决问题的最佳方案并产生效用,如采购部门引导供应商解决客户的客户问题。

客户策略的深入推进,并不能在一朝一夕内完成,从传统的买卖关系走向以为客户创造价值为出发点的新型销售模式,虽然任务非常艰巨,但这不仅是物联网战略的需要,还是公司发展的要求。我们必将踏上为客户创造价值之路,尤其是与推行创新战略的有远见的客户合作之路,不仅为公司培养优秀的业务管理人才,还为行业进步和客户发展做出贡献。在竞争日益激烈的今天,客户策略一定会催生非同寻常的创新能力,从而让公司在市场上保持领先优势,更好地促进客户发展和行业进步!

* * *

物联网战略下的供应链价值创新

供应链战略是企业战略的重要组成部分，在战略生态中极为重要。按量本利分析法来看，供应链的单元成本创造的价值应大于客户价值的单元销售收入。因此，为了适应物联网战略的发展，供应链必须从原来的价格谈判模式转化为价值再造模式。

一、夯实供应链的价值源头，确定垂直产品材料链价值改善的根本所在

产品由若干个物料的 BOM 构成，材料供应商首先必须要了解材料的特性和功能，要以物料专家的身份判断客户是否选用了正确的物料，并提出具体建议，而不能只是附和客户。上门拜访客户时，一定要走访客户的研发、工艺部门。在源头上，如材料、尺寸、颜色、外观、包装等，对产品选型提出不同建议，以便在新产品研发中优先考虑老供应商的物料选型要求。更重要的是，要在价值源头上与客户的设计部门建立畅通的沟通渠道，要尽力说服客户的研发部门在选型中少选非标物料，尤其是少选进口或生僻物料，以避免影响客户后续的竞争力。走访供应商或客户来访时，都应优先与技术和工艺部门切磋物料特性，提出可以缩减或整合物料成本的方案，而不是被动接受采购员的降价要求。长期采用低价策略，一旦对手先做出创新产品，我们就会失去供应链地位。因此，从源头上进行价值确认是供应链价值创新

供应商大会

的首要任务。

二、以量为基础，进行动态成本控制

首先，供应商可以按照生产线产能进行批量设计制造，并测算出不同供应批量下的成本盈利点移动和盈利区间变化。根据移动区域调整报价体系，确认价格与量的动态折扣，采购部门可按照供应商对量的要求调整采购比例，同时引导和迫使其他供应商进行价值创新。

其次，要建设供应链平台，在客户不方便采购所需物料时，尤其是少量又相近的物料，即便自身并不生产，供应商也应提供一条龙的采购服务，提高采购额，提升客户服务价值。

再次，要关注新产品开发和其投放市场后的销售变化，从供应链上提高物料供给能力。关注客户新投资的子公司、新建立的事业部乃至集团化后的采购趋势，提供差异化的新产品来适应客户的采购需求，使总体采购价值为客户战略发展服务。

最后，供应商要建立不同客户年、季、月采购量变化的动态趋势分析档案,一旦出现采购量下降或者竞争对手采购量上升的情况,就必须了解变化原因并寻求对策。一旦决定放弃生产,为客户利益着想,应提前3~6个月告诉客户,这体现了供应商"优先考虑客户"的服务理念。

三、运用财务杠杆,以资金总体成本规模创造供应链价值

在财务杠杆上,如果扩大再生产或做其他投资,供应商可与客户沟通,要求提前支付甚至预付资金,以充分发挥财务杠杆作用,提升净资产收益率。在实际操作中,还可要求客户将支付手段从承兑变更为电汇、提前支付或全额支付,以贴现利率返利客户,争取双赢。

在资产周转率上,按照客户的日均采购量乘以制造周期与物流周期之和来考虑备货,并作为常规物料供货的合理存量,而不能以客户下达订单中一次性出货量为标准,当然必须观察日均采购量,每隔2~3个月对其进行调整。同时一定要杜绝提前生产或备货非标物料,备货也不可超过订单余量。长尾理论中,呆滞品会对供应商或客户的资产质量构成极大的负面影响。从资产周转率来看,呆滞品的出现是价值管理失败的标志。

在资金杠杆中,供应商可以根据自身情况判断含有色金属、ABS树脂、石油和化工等基础物料在内的大宗商品物料的采购趋势,向客户提出提前采购和期货采购的建议,尤其是经济下滑时,能做到物料成本最低;在订单不足时,供应商既能保证产能,又可达到覆盖固定成本和人工成本所需的产量成本要求;在汇率变化时,采购部门尤其要关注进口产品的成本变化趋势,既要提供备货,又要根据汇率变化给予适当的价格调整。

四、推进物联网战略前行,以供应链战略优化物联网价值创新

在产业园区招商中,供应商既可利用产业园区优惠政策、物联网生态环境和贴近公司的采购环境,进行产业园区公司的注册和经营,又可介绍

自身人脉落户到产业园区，同时收集产业园区周报和供应物料的需求信息，汇总产业园区内 100 多家企业的物料需求并进行跟踪，在公司自身供应需求上叠加产业园区供应链，充分发挥供应链优势，促进物联网产业发展。

在产业园区飞地建设中，利用公司在省外投资项目和建设中西部产业园区的机会，在中西部产业园区落户中，融合全国各地供应链体系，既满足公司"自身邻居配送"的供应链模式需求，又促进当地产业园区企业供应链的协同。

在物联网产品研发体系中，供应商需关注如无线通信模组、高端传感器、多物理量传感器、TFT 屏幕、人机对话应用场景硬软件、图像合成的 AI 硬软件等新的物料需求，同时还需关注自动化设备和生产线的制作，围绕 MES 系统和自动化设备生产，来使用硬软件，围绕人、机、物融合的新型物联网设备，进行研发和协作。

在物联网设备开发中，应在传感器供应链、模组、材料、工业云平台、大数据、云计算上和公司展开合作。在软件方面开展合作，可以使设备供应商与公司形成一种相互供给又相互需求的新型供应链价值模式。这既可促使供应商从自动化设备向智能设备迈进，又能让其在物联网产业的不同应用场景中开拓新的设备智能化物联网平台体系。

在物联网产品生命周期分析中，尤其是在对不同设备生命周期的分析中，应与供应商一起对材料特性和失效模式进行研讨，这样既能促进对公司产品生命周期的研究，使其更好地服务于物联网战略，又能促进供应商物料在应用场景下优化质量，让材料选型、工艺、设计进入大数据分析时代，让物料与数据形成"数字双胞胎"影像，从而使供应链战略跃上新的台阶。

在物联网时代，供应链战略继承了传统供应中从价格到价值的创新模式，又呈现了新型供应链战略的深入趋势。在物联网战略下，我们以严谨、务实、创新的精神,共同探索新的供应链价值创造体系,为物联网战略不断发展贡献力量和智慧,携手迈向新的物联网时代。

＊　＊　＊

物联网战略下的人才观

2019年4月,马云有关"996"工作制的言论引发网络大讨论。年轻人如何处理工作与生活之间的关系,公司如何让年轻人热爱工作,个人职业生涯的选择与工作时间是否有关联等议题,引发了大家的思考。在物联网发展道路上,人是最重要的因素,是推进物联网战略的核心,构建人才战略是促进物联网战略不断前行的最重要举措。

一、物联网战略是思维革命,参与者须志同道合

无论是生态圈中的上下游产业,还是公司内部的员工,必须有共同价值观,即物联网用户观,要为用户带来价值。

例如衡器,不仅是秤台+传感器+仪表,而是可供在线检测并可及时反馈准确的定量数据。手机不仅是通信工具,还是移动物联网时代的生活方式。从物联网思路来看,工业装备不仅意味着装备的原本功能,更重要的是通过硬软件结合,在工业云端采集数据后传输进入装备,以进行在线检测、故障分析、提高效率、研究设备生命周期并延长其使用寿命、大数据分析为用户增值。

物联网人才的思维,必须从关注有形转化到关注无形,从关注设备本身到提出问题解决方案,从提供产品到满足用户需求,再到引导用户需求,从

方案驱动到以数据为中心驱动,从设备技术创新到帮助客户战略转型。战略始于思维创新,如果在物联网革命背景下,没有人才的思维创新,物联网战略是不可能前行的。

二、物联网战略是平台革命,参与者须热爱

在共同价值观和文化前提下,才有了物联网的思维,但还必须给予物联网人才施展才华的舞台。

首先是要把物联网人才当作合伙人看待。在物联网背景下,人才不是传统制造业等级分明组织中的员工,而是物联网时代下的创业合作伙伴,必须给予其股权或期权。

其次是充分发挥物联网人才长处,扬长避短,从物联网市场推广、产品开发、需求调查等角度组建物联网团队,从目标、定位、培训、流程、沟通与冲突和领导力抓起,让物联网人才管理从产业员工管理走向知识管理。这不仅是对制度流程进行管理,还是对物联网人才的需求的思考,以达到客户、终端用户、企业、员工四赢的结果。

最后要告诉物联网团队中的所有成员,必须对自己的职业生涯负责。"996"不是被逼出来的,而是因为热爱自己的工作,对自己负责,对自己的职业生涯负责。只有致力于自我奋斗、自我革新,才能创造出物联网事业的辉煌。拥有澎湃的激情,接受挑战,敢于改变,物联网人才须有兴奋感和成就感。在物联网战略旗帜下,人才必须有责任心,将物联网作为奋斗的道路,心甘情愿为之努力。

三、物联网战略是人才革命,公司必须建立人力资源体系

在人力资源内培体系上,要挖掘物联网市场上业绩优秀的员工和研发人才,要关注能发现现有物联网价值的人才,重视能开发物联网新产品或迭

代产品的人才,要重视对市场观察敏锐并能提供具有物联网特征的终端用户解决方案的员工。

在人才招聘上,要关注理解物联网文化的员工,员工要有物联网事业心,要有长期奋斗的决心,避免录用功利心强和目光短浅的员工。

在培训体系上,既要系统地讲解物联网知识和新技术,又要根据市场需求有针对性地进行"订单式"培训,还要让物联网人才在成长过程中技能得到提升、思维得到创新。

在业绩考核中,要创新体系。考核内容包括战略合作伙伴的引入量、产品开发数量、应用价值案例等,要淡化物联网销售收入和盈利要求,淡化对物联网数量和运营费收入的要求,紧紧抓住工业物联网在设备自动化、体系化、智能化和数据化驱动下的综合价值,让客户逐步认可、逐步接受、逐步改善并且产生黏性,哪怕在某一点上让客户产生有依赖性的长期需求,也可视为获得战略实效。

在人才储备上,建立业务人才和技术人才储备池,储备一到两个长期的

物联网专题培训

动态人才。与大专院校联合建立实验班进行产业人才储备，与科研院校长期合作建设物联网创业中心或研究院，重点建设衡器物联网和非衡物联网，进行优秀产业的物联网改造，重点推进人工智能、大数据、低功耗无线、高速动态技术、工业软件等技术合作。

在人才培育体系上，要有人才营销思路，为人才提供在物联网事业开拓中所需要的技能培训，解决其对开放式预算和生态合作伙伴的需求，保持对失败的宽容，对业绩优秀的人才进行股权和期权激励，将员工创客化和搭建合伙人体系视为物联网发展战略的重要组成部分。

四、物联网战略是管理革命，公司必须改革现有管理体系

在公司的员工关系中，应激励员工内部创客化，鼓励员工对物联网垂直产业链中某一个行业或平台链中某一个功能进行独立运营，并且进行股权融合，真正把员工当作物联网事业的合伙人。

在研发管理体系上，前三年不完全以销售收入和利润为目标，而是以按期投入市场为标准，按照物联网客户使用价值增加的数量和研发项目的质量来考核。

在业务管理中，对业务团队的要求，更多地侧重于客户使用物联网后对终端用户的贡献，包括信息化、高端化、自动化产品销售，以协助客户转型、升级和发展为主，以促进客户产品线丰富、延伸等结合为主，以引导更多客户从卖硬件产品到提供数据驱动、解决方案为主，不仅需要提供丰富多彩的产品和技术，还需要引导客户建立物联网思维。

在人力资源部门自身管理上，除了对物联网专业的学习和领悟，还必须了解目前物联网的发展难点，在此基础上设计出区别于传统产品管理思路的全新的人力资源培训、开发、考核办法。同时对当地人力资源现状和公司内部人力情况进行两到三年的提前规划，开拓招聘渠道，建立内培体系，树

立雇主品牌,摸索"合伙人"这类人力资源管理新办法。

在投融资管理中,加强与产业园区企业的融合与发展,注意产业基金作用,引导培育优势企业进入公司发展规划,共享资本平台。针对物联网市场需求,不断引入目前平台上尚有短板的企业和在产业链节点上的企业,不断发现成长中的产业和有应用推广价值点的企业,不断优化物联网成长企业的投融资机制,让其在产业园区和资本市场平台上得以更好地成长。

物联网战略是一场革命,从思维、平台到人才、管理,都必须做好长期艰苦奋斗的准备,尤其在人力资源管理上,必须一切归零,从头开始,以创业的心态、创新的精神,推进物联网战略不断走向纵深,创造新的价值。

* * *

预算管理体系

在物联网发展过程中,预算是公司内部重要的基础管理工作。预算的本质是基于目标的资源配置和过程控制,在目标管理之下,对于行动方案所需要的资金进行管理,这能让人养成思考习惯并提高思考能力。预算管理目标是战略落地、绩效双赢和目标实现,它体现了团队"三性"(自主性、协作性、思考性)与领导"三力"(决策力、执行力、思考力)。预算管理是创新的思考,而非"就事论钱"。

一、预算管理需要遵守三大原则

一是全面性控制。只要可以用货币进行支付的,一律纳入预算;不能因为其小额或报销不方便等原因不纳入预算,这会导致体系不完整。

二是唯一性控制。有了预算管理,原则上就不允许有预算外管理。可执行预算追加,但只对业务变化或客户变化负责。预算是对业务动态变化的反应,业务上的动态变化可以通过预算调整程序纳入追加预算程序。

三是事前控制。不要以为预算编制后,部门就可在预算内随意花费,其实编制时需控制,在执行时也同样要控制。不要以为有了编制就可在预算范围内花费,具体执行过程中必须对预算进行第二次检查与过滤,在实际拨付时,部门管理人员和财务审计人员还要进行二次控制。

二、预算管理必须认识到以下误区

一是将预算管理等同于财务预算。很多人误以为预算管理是财务审计部门的事情,把预算管理等同于财务预算,其实预算是管理,和会计核算并无关系。因为预算管理是公司的战略、目标、计划、运营和绩效,如果缺少对战略的承接、对业务的了解、对管理的认知、对运营的控制、对沟通的把握,预算只是纸上谈兵。实行全面预算管理,其实是企业面临的管理革命,也是创新思维的挑战,不能把企业革命性重任只放在财务审计人员的肩膀上。

二是把预算管理负责人视同财务负责人。预算其实是总经理"一把手工程",财务审计部门用于组织、推进、协同、执行,而总经理首先必须认识到,预算体系本质是企业年度规划甚至对更长远发展战略目标的下一年度规划。每年底预算出来前,下一年度规划必须在本年的12月中旬前就定稿,通过预算管理在资金资源上落实年度规划。因此,总经理要保证预先知晓业务动态变化,且调整各个部门的资源权限大于财务审计负责人,在执行预算动态变化中必须承担责任。当然财务审计部门也必须认识到预算管理不仅仅是战略落地的方法,更是财务创造价值的核心手段,要从原始凭证,如发票等的管理过渡到预算管理,要体现事前预防控制的财务价值创新,更要体现财务人员从会计核算、财务分析到预算管理的金字塔发展规划。这要求财务审计人员对业务情况了解,并有资源配置创新能力、沟通引导说服其他部门的能力等,实现财务的非财务管理效益,最终实现财务审计管理更上一层楼。

三是把预算当成报销。预算只是提供支付的框架,实际报销既要与发票管理相符,又要与货款回笼有关,还与实际产生费用的真实情况有关,预算只是其中条件之一,而不是全部。同时,对追加预算必须十分慎重,如果是纯业务发生变化,追加预算是可行的,但若是在原来的预算遗漏或错误使用的情况下要求追加预算,应该由部门负责人和编制人先承担相应后果,之后考虑是否追加,而且要举一反三,杜绝类似问题发生。部门经理和财务审计人员在审核报销时必须要对预算进行核查,对低于预算的报销,要将原因一并写进备忘录以便决算时使用;对高于预算的报销,可以在预算范围内报销,余款可以追加预算再审核报销,不能超预算拨付。

三、预算管理要遵循以下流程

首先是战略规划,这涉及深刻的市场洞察力,其方法包括战略地图、SWOT分析模型、波特五力分析模型、波士顿矩阵等。

其次是年度规划中应重点考虑:如何超越上一年业绩?未来竞争的变化及应对策略?年度考核不应该与预算目标整合完全挂钩,而是应该对比上一年增长情况及市场占有率、行业业绩及行业利润占有率来考虑,使预算成为激励部门的手段,而不是为追求最低指标讨价还价。预算设立可考虑年度确保目标、考核目标、挑战目标,不同目标配以不同的资源、成本控制方法、薪酬及晋升通道,将人力资源管理与预算管理结合起来,也将员工创客化、期权激励与预算管理结合起来,把创新作为战略管理核心,体现在预算中。

再次是分析目标,成本部门的核心任务是优化成本,利润部门(包含子公司)既要提升收入又要增长利润,投资部门则既要考虑资本投入回报率又要对总体利润负责。在明确目标的基础上,编写工作计划,工作计划的内容一般包括4W1H(Who、When、What、Which、How)+资源投入+风险控制七大要素。

最后在规划过程中,必须遵守"谁做事、谁花钱、谁编预算""预算管理理由正当合理和计算基础规划积极""收入变化预测谨慎分档及成本折扣机制"三大原则,重点要求业务部门的收入增长策略能在以上三大原则测算下达到销售费用控制,要求研发部门的研发项目可行性、资源路径、市场回报等研发费用预算单列。要求各个成本部门,尤其是采购部门,保持各类费用归零心态,应该从基础管理和基本创新这两个角度思考整个预算管理,应该从财务角度考虑基本固定成本和变动成本之间的控制操作方法,即边际成本控制。

预算管理不一定要追求准确度,但必须回归决算分析。对低于预算的差异,要求说明预算数据不严谨的原因及预防的对策;对高于预算的差异,原则上一律不报销,若报销,报销时必须有追加预算,并要求在下次预算中注意;交易超标的费用必须更加严谨,决算时应当对费用差异进行检查分析,直到厘清每一笔费用及费用差异产生的原因。

预算管理可提升公司战略能力和管理思考能力,最终为实现组织目标服务,其意义重大且深远,是公司发展的基础之一。

* * *

物联网战略下的市值管理

对柯力来说,IPO 是个新的里程碑,标志着公司走向了公众公司。这既对公司的人才战略和投资战略提出了更加紧迫的要求,又对公司的管理结构和财务规范提出了更高的要求,还对公司的物联网技术和应用提出了更切实的要求。因此,我们要做到下面几点:

一、实现价值创造

首先是要实现销售收入的增长。在销售传统产品的基础上,一方面,通过适当的价格策略,维护市场份额,结合经销商、直销商的不同渠道,对价格

柯力传感上市

变动进行梯队控制，注意经销商产品结构的丰富化和直销客户产品结构转型中所需的各类资源支持。另一方面，通过产品高端化、定制化，延长产品链、提出解决方案来提升单位产品的价格，这样，即使销量不变也依然能提升销售收入。

其次，在 IPO 后，更重要的是关注客户群变化。原来衡器客户群将出现分化，在物联网战略下，客户会出现分化，或高端化，或信息化，或定制化，或批量化，而量少且同质化或被经销商渠道控制的衡器设备商将会落入十分困难的境地。因此我们必须学会舍弃部分客户，精准地定位客户，同时引导客户进行自我定位。充分根据客户需求，迎合客户变化，关注客户偏好，真正认识到并不是量大或者价高的才是重点客户，真正的物联网客户应该是协同物联网创造价值的客户，是努力执行产品差异化、高端化、信息化、智能化的客户，是愿意牺牲眼前利益来赢得未来的客户，是不断从终端用户上发现物联网价值来开发迭代产品的客户。

再次是要关注物联网价值链再造，包括分拆、压缩等环节，重新整合，重点推送物联网的软件，数据采集、数据清洗、数据分析价值链资源及创新成果，要不惜代价逐步建立大数据公司的商业运营逻辑，同时注意硬件与人工智能、低功耗无线等不同的结合状况，从物联网需求端来不断改善硬软件。

最后是建立产品的价值模式，从纯产品逐步过渡到核心主流产品和产品金字塔，再建立产品组合，用以分摊巨大的研发成本，也为研发团队的发展奠定基础。优秀的上市公司应着力推进产品设计，为客户的系统甚至融资服务。

二、实现价值传播

价值创造是市值管理基础，但是公司所创造的内在价值能否准确反映在其股票市场价值上，这要依靠价值传播的桥梁。在资本市场进行传播，本质上是整合营销。

在 4R 管理中,尤其是在投资者关系(IR)管理中,一定要用投资者可理解的语言去描述公司价值,无论是强制性披露还是自愿性披露,信息披露要做到完全、充分、及时和有效,同时收集专业意见,并上报。这有助于公司提炼其传播价值,帮助公司决策层做出决断,以及时响应资本市场的要求。

在分析师关系(AR)管理中,找到对公司感兴趣的基金公司、分析师,组织路演或反向路演。深度沟通了解对方公司的商业模式、运营状况、盈利能力,做好预期管理。

在媒体关系(MR)管理中,调研媒体需求,提供媒体需求的素材,确定核心媒体主动沟通制度,细化媒体接待流程,统一宣传口径,构成快速的危机对应机制。

在监管机构关系(RR)管理中,必须确保合法合规,吻合监管者的基本诉求,建立上市公司健康阳光的品牌形象。

在价值传播中,还应该确保强制性信息披露及时,包括充分、公允的财务报告(含年度、半年度、季度、临时报告),非财务信息的披露,包括公司所有权和控制权、董事和职业经理人薪酬,也要做到及时准确。自愿性信息披露以公司治理结构和智力资本结构为主。在信息披露中必须遵循充分完整、真实准确、及时三大原则。

三、实现价值经营

价值经营是当公司价值被低估或高估时,顺应资本市场周期性波动规律,运用上市公司市值偏差和投资者投资偏好,充分分享投资市场溢价功能,不断提升公司的价值和贯彻做大公司市值的管理行为。

当股价被高估时,运用增发或定向增发实施再融资,控股并购,套期保值。在股价被低估时,运用策略包括股价回购、股份增持或承诺不减持,并购管理其他企业，实施股权奖励或者员工持股计划等。当然，所有价值经营都必须在法律和道德的双重约束下，围绕内在价值核心，用之有道，否则就会出现内幕交易、操纵股价、利益输送等问题。

并购是快速的企业扩张方式和最高层次的投融资方式。需要关注的是并购有三个关键点：一是并购目的要清晰、明确，将内涵式增长和外延式扩张相结合，主要方向为传感器上下游产品链、多物理量传感器、大数据等物联网节点产品，也包括不同行业设备"物联网+"改造及信息化、智能化发展；二是尽职调查，包括价值挖掘和风险发现，在风险发现中要重点关注瑕疵股权、资产完整性、经营风险、偿债能力、法律风险；三是整合，从尽职调查开始，整合包括领导层决定、关键人物留用，还包括风险识别、分类、锁定、解决等。

* * *

再论物联网战略下的人力资源管理

数字化、智能化时代对人力资源管理提出了新的要求,在充满不确定因素的时代,与其获得一两个答案,解决人力方面的燃眉之急,不如转而思考人力资源管理的本质,以迎接更多未知的挑战。

一、重点实施 HR 的"三支柱"模式

首先,人力资源要为企业贡献战略价值、业务增长价值、人才发展价值。其本质是为企业找到战略经营人才、顶尖创新技术人才、高品质重点人才,同时对客户需求要有洞察力,基于数据建立平台,进一步服务员工,满足员工需求,提升员工工作价值。人力资源管理部门不仅要理解战略、连接战略,也要了解业务、理解业务、支持业务,走进员工心里,与员工进行有效沟通,提供内部员工客户化的人力资源产品与服务。

其次,人力资源管理部门有三大块核心工作,即 HR 的"三支柱"模式。部门主管要更多思考员工规模、雇主品牌、招聘渠道、资源建设、培训平台、职业发展体系、绩效评估与管理、薪酬体系、员工关系、组织机构、企业文化与内刊建设。部门主管需更多地考虑如何加强业务员与研发人员的合作伙伴联系,关注内部员工体系和外部的专业竞争力,关注薪酬结构、产品变化、专项培训、绩效评估、人才诊断等。人力资源管理的基础工作是基础的人事工作,包含薪酬、培训、员工关系、人事异动等。

最后,三者之间必须目标一致。人力资源管理本身不是价值链,不产生价值,必须依附公司各个部门,尤其是研发部门和业务部门,对其价值产生附加影响。业务、研发、管理等部门复杂的人力资源问题,在 HR 的"三支柱"模式的作用下,得以内部消化解决,有良好的结果。

二、解决转型升级中代际挑战

由于父辈积累了一定的财富,"90 后"员工衣食无忧,他们没有生存负担,也没有不安感,更注重自我感受和自我价值实现,这迫使公司的发展要适应"90 后"甚至未来的"00 后"员工,要搭建更多平台,让他们发挥作用。在重要岗位上大胆起用新生代员工,学会从他们的角度来看问题。创新管理机制、方法、工具,建立全面激励机制,让工作场景化、娱乐化;重点建设九期大厦的二楼餐厅、健身房、超市和咖啡馆,制定与员工生日、结婚、生育相关的福利政策,提升九期大厦 17~20 层中庭休闲区的环境;对文化走廊建设重点投入,提升十一期人才公寓的装修标准和舒适度,联合产业园区公司组建户外运动俱乐部,提升独立研发工作室的配置标准等。

关注员工的成长,落实学习基金,按照每人每年 1000 元的标准发放书籍购买补贴。提高外训补贴,取消补贴与年限挂钩的做法,提高内训老师聘请费用和聘请频率。创新人才职业通道,让他们的心态从对企业忠诚转变为对职业、专业忠诚,颁发公司"工匠精神奖",设立"技能进步工效奖"和"年度新人奖",对公司每个岗位设立 A、B、C 等若干等级标准,形成业务、研发、管理三大主线发展通道,形成胜任力模型,形成以基本素养、上一年度公司业绩、个人业绩、行为等为标准的综合考核体系,实行薪资差异化体系,内部以每两个月一次的频率开展竞聘上岗活动,形成培训体系。创新合伙人创业创新体系,鼓励新生代员工在公司大平台上实现个人价值。

三、实行组织扁平化的变革

要改造传统制造业部门的结构框架,由一列车向前行驶转变为多列车齐头并进,开始以终端用户需求为导向,在目标驱动下团队协作;改国内销售部为称重传感器销售部,改国贸部为国外市场销售一部、二部,完善工业物联网一部、二部、三部、四部、五部;把财务、审计、人力资源、研发中心、供应链等作为资源共享平台,探索事业部公司化的发展方向,强化目标管理,形成项目制和小团队作战制;年内组建一到两个由事业部转型的独立公司,形成以客户和效率为中心的工作方法,下放人事、预算、决算权;形成合伙人思维模式,去权威和等级,让公司平台与员工个人价值逐步统一,把公司物联网生态转化为事业部生态,母公司不一定要控股,但要对财务、研发、供应链、渠道、服务、品牌进行赋能。在这个平台上,员工只要有想法、有能力,及事业心,就能逐步成为公司物联网合伙人。

四、重新定义领导者、员工与组织

首先,对员工的定义要从简单转变为复杂,对员工的需求要从单一转化为多元,从物质转化为物质与精神交替存在;对员工与组织的关系要从雇佣关系到合作伙伴关系;对组织文化的认识要从零到和思维相互赋能、相互成就。人力资源要产生三个新的价值:战略价值、业务增长价值、员工发展价值。

其次是领导力,领导团队应受使命驱动,而不是受单一利益驱动,领导者应有开放包容的心态,善待"空降团队";领导应保持活力,强化学习能力和跨界整合能力;领导者应有自我批判精神和自我突破品格。

最后是人力资源管理创新,量化人均效能,重视员工时间管理,要求员工利用碎片化时间进行创新,并对创新成果持续改善;优化人力资源配置,建设标准职位管理体系与员工胜任力管理系统；建立知识共享、协同体系，让员工通过公司的知识协同平台提升能力；薪酬激励多元化，除了经济性回报外，还需提升个人愿景与目标，在事业发展、理解与价值、授权与赋能、评价与反馈、共享与学习、压力与动力等方面展示员工风采。

五、朝着事业合作伙伴方向前进

在共同价值观或者遵守公司文化的前提下，始于责任、守于规则，集聚优秀的人才进行利他行为，即成就人才、成就客户、成就供应链。等成就合作伙伴和股东后，才考虑自身利益，聚势发展，建设工业物联网生态系统下的企业。

在事业合作伙伴发展中，一定要强调共担风险。要有责任担当意识，包括经营责任、解决问题责任、创新共享责任、自我完善及培养下属的责任，以及带领团队责任；要强调共创价值，协同个体价值与团队价值，拓展平台意义。对事业合伙人的根本要求是实现组织成长，实现客户价值和企业利润增长，实现在利润增量基础上加速增长，这样，事业合伙人与公司才能形成良性发展。

在具体事业合伙人的股权激励下，一般采用的方法是"自身实股＋资金支持下股份＋股票期权"，事业合伙人自费购买股份的价格一般以每股净资产为准，原则上，以公司或个人借贷资金、月度奖金或年度奖金、银行借贷资金支付的股份数量为标准，且数量上不超过自身实股，再配置以每年超过目标利润后的期权激励转化的现金，再转化为按当时净资产获得股份的数量。若当年未完成目标利润，则无法获得股票。同时明确退出机制，包括辞职、辞退或发生意外事件，明确退出等待时期和空窗要求，明确支付进度和年份，明确违规、违法责任，明确因公、因私或因意外事件退出的价格。总之，在股权激励设计上必须既激励合伙人，又考虑长远，并符合在IPO下的治理规范。

六、构建人力资源管理系统化解决方案

对人力资源系统的思考，要上升到经营和治理层面。人力资源责任主体应转化为公司总经理及所有管理者，人力资源管理部门的定位是连接业务、推动战略、服务员工，除了管理员工的工作外，还要关注员工的心理。上升到经营层面，意味着人力资源管理不以成本、支出为中心，而是重视人员增值，实现员工自身增值和公司升值。

对人力资源系统的思考，必须舍得对人力投入，尤其是对优秀人才引入及培训、长期激励及事业分享的投入，对产学研外部人才的协同与自身基础前瞻研究部门的人才储备的投入。每年要适当考虑增加教育培训经费，人才引入费用、研发费用增长要快于利润增长，同时在人力资源体系中，要确定什么样的人才符合企业未来发展的需求，建立人力资源三年建设规划及资源配置体系。

柯力人力资源规划会议

对人力资源系统思考，要将人力资源管理与企业文化制度相融合，只有在文化牵引下，人力才有做大做强的内在力量。找对人是最重要的，尤其是与企业价值观一致的员工。在招聘时，一定要重视人才的素养而非经验，面试员工时，一定要招聘重视学习新知、自身规划清晰的员工，注意发现和录用具有同理心、责任心的员工。同时人力资源管理部门要注意不替部门做考核表，不替部门管理者计算，而是以提升部门管理者的领导力和管理能力为工作的出发点，帮助部门管理者掌握人力资源的方法。

对人力资源系统思考并提出解决方案，一定要有未来思维、成长思维，要有洞察力，要有三年规划，即从未来三年甚至更长时间来思考企业发展对人力资源的需要。这样，人力资源创新才能与战略创新、业务增长、人力成长三者统一起来，为公司的发展奠定最重要、最宝贵的发展基石。

* * *

供应链集成

传统企业对供应链部门的重视不够，对供应链功能的定位过于狭小，手段过于单一，也缺乏想象力，具体表现为重价格、轻成本，重交易、轻渠道，重惩罚、轻帮扶，重分权、轻驾驭，重避嫌、轻担当，重节流、轻开源，重人员内控、轻机制内控。但在公司物联网和IPO背景下，供应链的作用越来越重要，我们对供应链的认知、定位、投入、模式都要做出明确调整。

一、价值采购集成

价值采购上，要坚持供应链利润的中心地位，从关注短期交易到关注可持续性供应，从关注价格到关注产品总成本（包括采购成本、库存成本、财务成本、供应商管理成本、质量成本、缺货断货成本），从关注即时价格到关注竞争优势（供应行情好时，物件价格比竞争者的下降快；供应行情不好时，物件价格要比竞争者的上升慢），最大限度利用量的杠杆，充分发挥供应商的潜在价值（物料选择、物料设计、公司工艺水平，供应商在竞争中的差异性、排他性），发挥供应链部门在公司内部的协调作用（包括最小起订量、物料标准化、财务平衡等）。

二、业务集成

除了销售外,销售人员还有一项重要任务,即对接终端用户需求,并把需求下传到研发、供应环节。本质上讲,一个合同完成需要销售代表、采购代表、研发代表组成"铁三角",尤其是集成产品项目。销售人员应当站在客户的角度,尤其是在系统项目中,预知合同生效时间,所有物料准备都能提前进行。即使是常规产品,也要提前与客户对接,预测客户需求,建立供应链集成源头。

在销售预测上,结合销售政策和重大合同,非标产品业务可以采用销售订单变更计划。一旦对客户合同状况有隐约认知,可下达预测模式作业跟踪单,建立模拟物料备库计划及弹性体制作计划,通过模拟得出物料困难情况,在模拟重大客户订单时可以结合历史制订出非标物料及弹性体或钢材备料计划。对系统成套产品,如不停车检测系统、干粉砂浆搅拌系统等,则按标准物料和非标物料分类——对标准物料按合理存量库存,对非标物料确定供应商最快交货期或建立适当备货计划。

在订单管理上,销售人员要注意尝试建立"锚点",设立公司基本交货日期的原则,一旦订单突破原来物料体系,会让客户感觉交货期延长。同时销售人员向内勤传递订单时,信息要准,要检查内勤下单的正确性,要检查信用额度,合同的回笼条款要执行到位,要及时告之调度部门订单的变更信息,尤其要注意,订单数量减少或者撤单必须按合同处理,对可能产生的呆滞品或物料,在合同中要明确赔偿责任。

在库存品处理上,销售人员更应发挥主导作用。当客户的维修品或新订单可以用库存替代时,即使价格有折扣,销售人员也应站在公司角度优先消耗库存,据此,公司也应优化激励政策。

三、研发集成

公司发展到一定阶段,必须关注精品战略,避免多品化。要强调对客户真正需求的挖掘,制定营销策略,聚焦客户需求,做好产品规划,保持各类产品主线,搭建好公共构建模块(CBB)以便采购人员重点识别产品策略(含新产品开发),新增物料的异动及评审要求。

在研发产品上,供应链部门也必须参与研发部门工作,最终都是为了自己,只有上游水清,下游才有好水喝。对研发部门来讲,供应链介入研发有助于"一次性把事情做正确",减少试错成本,避免批量化后产生一系列问题。因此在新产品立项中,采购部门要做到物料采购便捷、成本优化、供应商质量可控、交期最优,贯彻这样的采购机制,为整个项目顺利实施奠定基础。

四、调度集成

计划调度部门实质是供应链的龙头,是供需匹配的主导者。对上游销售部门的调度要考虑需求的动态变化和总体要求,要有总体上把握需求的能力及业务人员的有效配合度,尤其要发挥产品计划会议及调度日报的功能;将下游的生产控制(PC)与物料控制(MC)融合为生产及物料控制(PMC),总调度侧重于把控总产能。对满足持续需求及订单调度做出具有前瞻性和整体性的安排,把握好集团化PMC组织结构,控制订单变更,调度集成上还要注意库存。如果把采购比喻为末端需要控制流量的河,库存是附属于河道的湖泊,库存量最小及周转率最大应是考核调度集成最重要的KPI指标之一。调度部门要控制好产品复杂度,提醒采购交货期,强调物料特性、对交期的要求,提高物流效率,完善库存量监控及跟踪反馈,及时处置呆滞品,建立动态合理存量转换模式,确保生产物料齐套性的调度灵魂,包括非 BOM 物料、工装夹具、模具、设备、替代物料和在途物料等；研究调度中涉及订单变更、计划变更、BOM 变更、工艺变更、到货异常、来料质量异常等状况下工作流程例行化的落实方法，汇编成调度手册，优化调度集成工作，同时对此类异常调度应要求责任部门给出预防方法并优化流程。

五、仓库集成

仓库管理基本原则是账实相符，这是基础性管理。完善仓库管理，做到单单相符，先进先出，将各个作业层面做到标准化，包括入库、盘点等，明确作业指导书，逐步朝着自动化方向发展。同时要强化逆向物流管理，对市场退货、生产环节不良品退货、研发用物料管理、超期或有质保期物料管理等进行流程化管理，并由财务、审计部门加强逆向物流监控，在审计、财务周报中反馈。仓管人员应配合相应部门处理物料，及时主动反馈物料处理状况，并优化流程。

六、供应商管理集成

在供应商管理中，原则上采购员必须要驾驭供应商，要建立对供应商的"势"。洽谈之前，一定要对供应商保持主动的态势，保持双方博弈过程中的双赢局面。

具体到选择供应商时，除了基本质量、成本、交货期等问题，还必须寻找具有服务意识、合作精神良好、与公司文化相匹配的供应商。

在培育供应商上，既要引导供应商满足公司需求，又要联合公司多个部门，对供应商短板之处进行管理与技术方面的提升，并督导供应商改之，深入供应商，了解整改结果。

在供应商使用上，一定要明确公司使用供应商的核心需求点，对供应商考核的重点必须与公司需求，甚至动态发展变化相契合，并且关注供应商动态变化，促进公司资源与供应商资源吻合，尤其是新产品物料资源。

在供应商的留用或淘汰机制上，对优秀供应商增加交易数量、交易机会，在新产品物料上开展更多合作，整合供应商时更多地偏向于优秀供应商，依据每年考核或者成本控制计划，要求对供应商进行淘汰，让供应商担负一定压力。当然，为了维护供应商利益，为公司定制的物料应当接受入库。

针对供应商的选用策略最终必须回归于供应商集成策略。促使供应商变动管理思维，达到有效管理供应商的效果。当然，还必须保持"阳光采购"，即采购流程透明化，形成价格、数量等权责分离，确保供应链体系成长。

* * *

物联网战略下的国际贸易变革

随着中美贸易战的深入和外贸格局的变化，国际贸易市场正在发生深刻变化。国外市场占有率到了一定份额后，存在一些挑战和亟待解决的问题，如竞争同质化。产品结构调整后，对电子邮件回复不及时，不了解客户真实需求，隔靴搔痒，订单减少或消失后却自我安慰。从开拓抢占市场到巩固维护市场，从市场模仿者到行业引领者，如何将办公室的"坐商"转化为"行商"？如何从单纯贸易商转化为投资商？如何从国内品牌转变为国际品牌？客户在变，市场在变，竞争在变，需求日新月异。在物联网战略下，国际贸易该怎么变？

一、在产品策略上，全线差异化

由于传感器属于小众市场，客户间尤其是衡器客户间消息灵通，人员流动较多，众多中小公司林立导致同质化竞争激烈，销售人员要注意分析判断客户的潜在变化，要先于客户要求为客户设计差异化的产品方案。要善于利用公司产品的系列化、层级化、多品牌、多产品体系等优势，如传感器中，柯力、衡力、SNK、OAP、MK 等，如 QS 系列中，QS-X、QS-N、WQS、EDSK、EDS 等；ZS 系列中，ZSYT、ZSFY、CLC、ZSFGC、ZSNC、ZSW（NDS、WLS）等；SQB 系列中，SQB-NL、SQB-X、SQB-A、GXB 等；SB 系列中，SB-NL、SB-X、

SB-A、ICS 等；HS 系列中，HSX、CPS；在汽车衡仪表中，D12、D08、D39-WB4、D39-WB5、D39-W 系列等；在秤台仪表中，T1、T6、T20、T4；在工控仪表中，KL3101-D2、R56、R35、R33、R32、R30、-N、-K、-W、-W1 系列等；在无人值守系统中，BP1-BP16 伴有大量硬件，如红绿灯、传感线圈、车辆识别系统、栏杆机、摄像头等；在软件上，有应用于冶金、煤炭、物流、化工等行业称重软件、接口软件、支付软件、大数据软件等；在供应链平台上，有导线、打印机、附件、摄像头及仪表外壳、电子物料和其他一站式服务物料；在非衡物联网上，包括不停车检测系统、港机、起重机械、建机、智能货柜、无人售货机等；在产品特性上，不仅有附件、导线、接头、商标、包装上的差异化，还有防爆、防雷、防腐、防水、防作弊、防鼠咬等特定功能，以及多物理量、多分力等。即使在最常规的限位接线盒上，也有铸铝、不锈钢等差异化。结合研发部门发布的公司内部产品可替代清单和国际市场产品差异化目录，国际贸易销售团队一定要避免温水煮青蛙，应做到居安思危，在业务好的时候务必引导客户差异化，若在订单下降后再去实行差异化，难度会增加许多，务必建立主要客户差异化目录，直面市场挑战和客户口味变化。

二、在销售策略上，全力超越客户需求

首先要建立客户情报体系。不光是与客户老板建立起畅通的沟通渠道，还得重视与客户中采购、仓管等一般管理人员的信息沟通，与其建立起良好的沟通关系。一个优秀的销售人员的前提是一个优异的情报人员，只有搞清楚客户的真正想法，才能对症下药。销售人员要把自己定位成客户内部员工之一，以便确定真正的销售策略的起点。

其次是价格策略。销售人员，尤其是国际贸易销售人员，不能对企业文化标语熟视无睹。公司的文化是为了成就客户，一个公司不应追求利益最大化，而是应该把利益分配于客户、员工、供应商，这样才能有长期稳定的发

展基础。在整个价格策略中，必须以考虑客户看法为主，不能参考公司原来的盈利体系，更不能夸大销售人员个人利益，必须执行动态的客户价格竞争体系，包括多品牌定价、积量返利、折扣、赠送，甚至直接降价；当然在返利过程中最好与客户未来或潜在需求结合，按照运营费、软件费等顺序，把价格策略与客户引导策略结合起来。

再次是建立差异化价格体系。销售人员应直面竞争，遇水架桥，逢山开路。有差异化的产品体系必须要有差异化的价格体系，中低端市场的价格策略必须兼顾客户利益点来平衡竞争，让销售人员有一定的价格波动权限。在客户定制或国际认证的前提下，产品必须执行积量返利，一开始必须一口价，尤其是高端产品，不能给销售人员权限。

最后是销售团队必须按照公司的价格策略去执行，公司在执行价格策略时，考虑到产品效用、客户意愿、价值点，而不是只考虑了成本链。基于市场需求确定定价出发点，成本及利润只能作为参考。尤其是推出新产品时，应考虑未来几年量的情况及产品定位，给出规模产量下"成本 + 合理利润"的定价，而非推出时就用"成本 + 高利润"。同时聚焦客户看法，及时调整，公司在适当考虑销售人员利益收入后，要求销售团队必须执行价格策略，这是关乎公司生死存亡的问题。

三、在客户策略上，全面建立合作伙伴关系

伟大的管理学家德鲁克曾经说过："对任何企业来讲，其基本职能只有两个，营销和创新。"企业盈利的基础是在全面伙伴关系上创造客户，首先要注重产品质量，性价比是销售策略的自圆其说，客户真正的感受才是稳定可靠的，所以质量第一是正确的，必须下苦功夫解决质量上的问题。

其次是服务，销售不佳的重要原因不在于产品，而在于提供产品的公司未能提供足够的服务。在国外市场上，关注产品语言，如客户国家语言仪表

的开发;关注一站式服务,包含客户多种产品需求及自己生产产品配件要求;关注客户接班人思路及需求;关注展会上竞争及接待;关注客户来访时的公司接待;关注非产品类客户情感需求,包括旅行、住宿、餐厅选择等;关注客户库存情况和公司备库准备;关注运用模拟作业跟踪单的方法进行重点客户合理备库和快速变更;关注出国拜访的客户资料、产品样本。在服务体系上,必须全方位体贴入微,为国外客户带去公司品牌价值。

再次是切实保护好客户利益,除了让产品差异化,定制化、个性化也是客户内心想法,要在区域上维护客户的需求唯一性,包括认证、品牌、区域划分,而且要做到言必信,行必果,杜绝国内市场非自身配套产品的贴牌生产行为,重点形成国外客户区域保护目录清单,与客户签订两到三年保护协议,保证在正常销售背景下自动续期,维护客户长期利益。

最后是学会舍弃与坚持。销售人员不仅要学会舍弃生命周期末端产品,还要学会舍弃信用差、只关注价格、接班人断档、准备转行、不思进取、无力竞争的客户,要明白锐意进取、信誉良好、策略清晰的客户的重要性,要把公司资源集中于成长中客户和优秀老客户,实行客户动态创新,实现新老客户价值创造。

四、在投资策略上,形成全球市场格局

在全球市场格局中,欧洲市场中深入研究欧盟税收政策和选址问题;美洲市场中深入研究在美国的资本运营可能性;亚洲市场中深入研究在印度建立销售公司的可行性,考量新加坡对东南亚国家的辐射能力。面对这三个方向,应先易后难,展开市场投资策略,主要包括建设国外办事处、国外独资销售物流服务型公司、合资公司、国外生产基地、国外研发+生产+销售公司、国外并购重组公司。

无论迈出哪一步,前期尽职调查必须考虑该国及周边区域市场的容量和增长量、竞争对手和应对策略、客户特质和产品特点、需求变化和公司匹配资源、关税政策和物流成本、两国关系和潜在风险、派驻人员来源及培育方案、销售政策和激励办法、股权效益和期权方案、销售定价和费用核算、盈亏平衡和业绩增速、客户需求点和资源配置等问题。

如果涉及合资合作伙伴，首先要解决合作伙伴的选择问题，包括原来的客户、当地华人华侨等，然后再谈判双方股权设置和业绩预测，确定双方责权利和奖罚机制，而后进行双方优劣分析和运营规划、合作伙伴与客户关系处理、双方文化融合和人员整合等，最后是建立可进可退的股权机制和经营结果提前预控机制。如果涉及建设国外生产研发公司，必须评估当地国家的法律法规，尤其是税制、进口税则、出口限制政策。如果涉及并购重组，核心问题在双方资源互补与文化融合，股权框架和核心管理团队入股，要查看财务数据、产品、创新、机制、格局五大要件，分析工资表判断人才竞争优势，考察水电费运营企业生产销售能力、银行借款企业的诚信度、纳税企业盈利能力等。因此国外投资对公司来说是脱胎换骨的变革，不是简单的砸钱，务必保持清醒的头脑，应当鼓励走出去。即使试错也值得，但是要分多步走，分阶段走，一步一步稳步前进，重点在于培养国外人才团队，了解国外创业投资信息，有机遇就谈，谈后拼命干；没机遇就等，等待好时机，耐心地、用心地朝着国际化道路迈进。

* * *

投资策略中的尽职调查

尽职调查源于美国《1933年证券法》中规定的"尽职抗辩"。在《1933年证券法》中,首先确定了以"信息披露"为核心的证券发行制度,强调尽职调查在投行中起着十分重要的作用,尽职调查决定一能否进行并购,二在什么样的价格和条件下并购更符合收购方利益。

一、财务尽职调查

在收入和盈利分析中,业务成长是依赖于大客户还是持续订单?产品毛利贡献率,是否在于个别客户或个别产品?在收入和利润来源上,与同行业相比,是否存在明显不合理,其高低原因在什么方面?价格上调或下降对收入及成本影响有哪些?是否对利润率两至三年的变化趋势进行了敏感性分析?在开票中如何规范操作?在销售收入确认中是否实行票、货、账的一致性?系统性项目是否待验收后才确认?在负债类调查中如何关注负债率?其他应付款是否与公司股东有关?在长期购买合同、租赁合约等中是否有其他承诺或周期性支出?是否存在未经披露的税务、罚款、诉讼或仲裁等问题?在利润审计中是否有坏账计提?存货跌价准备是否充分?研发费用是否资本化?

在财务尽职调查中还必须注意防雷,业绩对赌前提下利润增长是否存在"水分"？同一客户与目标公司之间是否存在着销售与采购并行？毛利率起伏波动如何？在建工程结转和现场核对，预付款与工程量有怎样的关联？资产负债表、利润表、现金流量表的彼此关系如何？非财务指标，如发货运费、废品出售费、水电费、薪资等，从中是否可推断财务报表真实性？

二、法律尽职调查

在合法合理性上主要审核在公司章程中有无反并购条款，有无超级多数条款，是否有其他限制性条款，是否有高管辞退和职工辞退补偿性条款，董事会任职是否有特定限制性条款。在历史沿革上，主要审核出资情况，委托持股情况，是否存在股份纠纷，股份增减变革是否符合法律和章程，股东会、董事会议事规划要求。在资产问题上，主要关注房地产产权证书，固定资产账实匹配，资产抵押情况。无形资产是否具备有效期和独立性，是否有授权他人试用。在债权债务上，主要关注正常贷款所有合法程序，对外担保和远期票据签发情况，是否正常起诉或仲裁。在企业分支机构及子公司财产安全性上，是否存在质量问题、税款拖欠等行为。在税务风险上，是否有关联交易产生转移定价税务风险，是否有其他账差引起税务风险，各项增值税、所得税、附加税、房地产税等是否合法合规并依法申报缴纳，历年过往税务检查结果是什么。在人力资源上，主要关注三险一金是否足额缴纳，所有劳动合同签订情况及是否有劳务派遣情况，包括职工持股、管理层股权激励情况及福利制度安排情况。在业务检查上，重点关注合同的合法性、有效性及合同执行情况，还有生产经营资质，包括各类许可证，及产品质量标准、客户投诉情况、产品技术来源、有无侵权情况。在财务合规上，主要了解近三年会计政策、税收情况、汇算清缴的正确性，以及资金是否占用等情况。在独立性上，关注子公司交易和运用情况，关注被并购方上班家属情况，以及股东与供应商、客户之间是否存在着关联交易,有无规避关联交易的承诺声明等。

三、第三方尽职调查

除了在被并购方以协议 IPO 或管理提升或咨询服务为主名义进行正常第三方尽职调查外,还必须进行其他渠道的尽职调查。首先是网络尽职调查,通过国家企业信用信息公示系统查询企业注册资本、股权比例、实缴出资、对外投资、企业年报、法人、高管信息等,通过被并购方网站了解组织机构、产品、关联公司、重大项目合同,通过专利检索网站检索产品专利信息,通过中国裁判文书网检索被并购方裁判文书情况,通过目标公司关联网了解法律纠纷、环评公示、劳动纠纷、外界评价等情况。其次,尽职调查还必须关注第三方意见,包括被并购企业员工,要走访离职员工、上下游供应商、客户、当地政府管理部门或法院等了解企业情况,实地调查同行或竞争对手企业的声誉。从多个方面来了解被并购企业,尽职调查从底层寻求真相,从不同角度验证。最后,尽职调查必须见过 90% 以上的股东和管理层,尤其是与小股东访谈,与被参股企业早上一同上班观察企业动作情况,中午必须与被参股企业普通员工一起在食堂用餐,利用非正式机会与员工交流,了解基层员工想法;重点对团队、管理、研发、市场、财务五大要素进行调查,逐渐深入商业模式、管理机制和中高层管理思维,避免虚假的数据、虚假的模式、虚假的团队。

在公司发展中,投资具有十分重要的地位,而尽职调查又是投资最核心的内容,总体上尽职调查一是有团队尤其是领头人;二是看重财务上营收、营利、毛利率、增长率;三是把握股权、高管、业务、客户、供应商五大结构;四是注重历史沿革、财务、税务、劳动、环保、股权六个方面合规。实现了真正的尽职调查,投资便成功了一半。因此尽职调查应当成为公司发展的重要环节，全体中高层管理人员尤其是投资管理部门和董秘办必须严谨又深入地学习，为公司集团化发展奠定坚实基础。

* * *

图书在版编目（CIP）数据

工业物联网再出发：行业生态体系与企业价值体系再造 / 柯建东著. — 宁波：宁波出版社，2020.5

ISBN 978-7-5526-3827-1

Ⅰ.①工… Ⅱ.①柯… Ⅲ.①互联网络—应用—工业企业管理②智能技术—应用—工业企业管理 Ⅳ.① F406-39

中国版本图书馆 CIP 数据核字（2020）第 044660 号

工业物联网再出发：行业生态体系与企业价值体系再造

GONGYE WULIANWANG ZAI CHUFA HANGYE SHENGTAI TIXI YU QIYE JIAZHI TIXI ZAIZAO

柯建东　著

责任编辑	江一常
责任校对	徐　敏
装帧设计	金字斋
出版发行	宁波出版社
	（宁波市甬江大道1号宁波书城8号楼6楼　邮编　315040）
印　　刷	宁波白云印刷有限公司
开　　本	710mm×1000mm　1/16
印　　张	13.5
彩　　插	0.5
字　　数	190千
版　　次	2020年5月第1版
印　　次	2020年5月第1次印刷
标准书号	ISBN 978-7-5526-3827-1
定　　价	56.00元